Découvrez l'histoire par les archives de presse

RETRONEWS

Le site de presse de la BnF

www.retronews.fr

BULLETIN

DE LA

SOCIÉTÉ ARCHÉOLOGIQUE

DU FINISTÈRE.

BULLETIN

DE LA

SOCIÉTÉ ARCHÉOLOGIQUE

DU FINISTÈRE

TOME Iᵉʳ.

1873-1874

QUIMPER

Imprimerie d'Alphonse CAEN DIT LION.

1874

BULLETIN

DE LA

SOCIÉTÉ ARCHÉOLOGIQUE

DU FINISTÈRE

SÉANCE DU 15 AVRIL 1873.

Présidence de M. A. de Blois.

Ce jour, 15 avril 1873, deux heures après midi, sur l'invitation qui leur avait été adressée par les anciens membres du bureau de la Société d'Archéologie du Finistère, de se réunir pour la reprise des travaux de cette Société, suspendus depuis longtemps, étaient présents dans l'une des salles de l'Hôtel de Ville de Quimper.

MM. L'abbé du Marc'hallac'h, vicaire général ;
  Roussin, membre du Conseil général ;
  Louis de Jacquelot, ancien secrétaire général ;
  Joseph de Jacquelot, propriétaire ;
  Fougeray, membre du Conseil municipal de Quimper ;
  Le Guay, ancien secrétaire général de la Préfecture ;
  Halléguen, membre de plusieurs Sociétés savantes ;
  Audran, maire de Quimperlé ;
  Bourassin, membre de plusieurs Sociétés savantes ;
  Bigot, fils, architecte ;
  Faty, chef de bataillon en retraite ;
  Richard, juge de paix de Landerneau ;
  Flagelle, expert-arpenteur ;
  Le Bris-Durest, avocat ;
  De Rémond du Chélas, receveur des Domaines ;
  L'abbé Guillard ;
  Cormier, Valéry, avocat ;

MM. Duval, vérificateur de l'Enregistrement ;
Briot de la Mallerie, président de la Société d'agriculture de Quimper ;
De Raismes, membre du Conseil général ;
Joseph de Calan, maire de Trégunc ;
Peyron, négociant à Quimperlé ;
De Goy, Stephen, avocat ;
De Montifault, ancien sous-préfet ;
Ayrault, substitut du Procureur de la République, à Quimper ;
Le Nir, ancien directeur des Domaines ;
A. de Blois, ancien président de la Société d'Archéologie du Finistère.

M. de Blois, en prenant place au bureau, exprime le regret de s'y trouver isolé de ses deux collègues. M. Le Men, ancien secrétaire de la même Société, est retenu chez lui par son état de santé ; M. Bigot, ancien trésorier, a été forcé de s'absenter pour un service public.

Il remercie l'assemblée, au nom de l'ancien bureau, de l'accueil qu'elle a fait à son appel pour la reprise des travaux de la Société, et lui fait connaître que d'autres membres anciens ou nouveaux, qui n'ont pu se rendre à cette convocation, ont fait savoir que l'on pouvait compter sur leur concours. Il vient de recevoir plusieurs lettres qui assurent celui de Sa Grandeur Monseigneur l'Evêque de Quimper et de Léon, et de MM. de Pompery, membre de l'Assemblée nationale ; le vicomte de Saint-Georges ; Guéguénou, recteur de la paroisse de Saint-Martin, de Morlaix; le docteur Le Caër, de Quimper ; Hippolyte de Pascal ; le comte Ange de Guernisac, membre du Conseil général ; Salmon-Laubourgère, président du Tribunal civil de Quimperlé ; Postic, recteur de Plonévez-Porzay ; Hippolyte du Cleuziou, ancien président de la Société d'Archéologie des Côtes-du-Nord, devenu habitant du Finistère ; le vicomte de Saisy, ancien chef de bataillon des zouaves pontificaux, et Jamet, propriétaire à Châteaulin.

Il est donné communication de ces lettres. Celle de

Monseigneur l'Evêque adressée à l'ancien président est conçue en ces termes :

« Monsieur et cher ami,

« Je suis heureux de la résurrection de la Société d'Archéo-
« logie dont j'aimais naguères à suivre les études toujours
« utiles à la religion. Je vous prie de vouloir bien me compter
« au nombre de ses membres. Si mes occupations ne me
« permettent pas d'y être un membre actif, vous me trouverez
« toujours disposé à seconder vos études de tous mes efforts,
« comme de tous mes vœux.

« Agréez, Monsieur et cher ami, l'assurance de mes senti-
« ments les plus affectueux et les plus dévoués.

« D. ANSELME, o. s. b.,

« *Evêque de Quimper et de Léon.* »

Parmi les autres membres, dont l'adhésion est connue, M. de Blois cite MM. l'abbé Kerlan, recteur de la paroisse de Plouzané ; l'abbé de Kernaëret, camerier secret de sa Sainteté ; Friele, propriétaire à Quimper ; du Chatellier, correspondant de l'Institut de France ; le baron Richard, préfet honoraire du département du Finistère ; Fautrel, pharmacien à Quimper ; l'abbé Jégou, vicaire général ; l'abbé Postic, recteur de Plonévez-Porzay ; Roumain de la Touche, ancien procureur impérial à Quimper ; Cozic, chef de division à la préfecture ; le comte Prosper de Quélen ; Bahezre de Lanlay, garde général des forêts à Landerneau ; Binet, professeur de médecine vétérinaire aux écoles d'agriculture du Lézardeau et de Kerwasec ; Dubois-Saint-Sévrin ; Rossi ; Louis de Kerjégu, maire de Saint-Goazec ; de Solminihac ; Guermeur, avoué à Châteaulin ; Amédée de Lécluse (d'Audierne) ; Karl de Kerret ; René de Kerret ; Stanislas Moreau et Malherbe de la Boissière.

Les convocations n'ont pu être transmises que trois ou quatre jours avant la date fixée pour cette séance. Quoique toutes les réponses ne soient pas encore parvenues, la Société compte déjà plus de soixante membres, au nombre desquels elle a lieu d'espérer de pouvoir nommer M. Pol de Courcy et M. Théodore de la Villemarqué.

Je ne proposerai pas, ajoute M. de Blois, à l'Assemblée de s'occuper aujourd'hui du réglement de la Société. Ces dispositions simples peuvent être laissées à l'initiative du bureau qu'elle devra élire avant de se séparer, et seraient soumises à votre contrôle dans votre prochaine réunion. Mais il est un point de détail sur lequel le programme de cette séance vous invite à vous expliquer. Veuillez bien déterminer les époques de vos réunions.

M. Bourassin exprime le vœu que cette fixation soit trimestrielle. Cet intervalle de trois mois lui paraît nécessaire pour soutenir l'intérêt des séances par le nombre et l'importance des communications, et donner aux membres qui résident loin du chef-lieu, la facilité de participer à tous les travaux de la Société.

Cette opinion est combattue par MM. Audran, Halléguen et Durest, qui regardent les réunions de la Société comme le stimulant le plus sérieux de son activité, et pensent que les relations qu'elles doivent établir entre ses membres seraient trop restreintes, si elles étaient réduites à quatre séances pendant le cours de l'année. A l'appui de ce sentiment, M. Audran fait connaître que la Société du Morbihan, dont il fait partie, réunit ses membres tous les mois, sans que l'intérêt de ses séances souffre de la pénurie des travaux, ni que les membres qui habitent loin de Vannes trouvent aucun inconvénient à cet usage. Il faut, dit-il, remarquer à cet égard, que d'après le projet annoncé par les lettres de convocation, projet qui avait été unanimement accueilli dans une réunion préparatoire, chaque séance devra être précédée, une semaine à l'avance, du procès-verbal imprimé de la séance précédente, contenant à la suite le programme de la séance prochaine. Chacun serait tenu au courant des communications, elles seraient encouragées, et les membres qui habitent loin du chef-lieu pourraient, suivant l'ordre du jour des séances, choisir celles auxquelles ils préféreraient assister.

M. de Blois rappelle que tel est en effet le plan que se sont proposés les membres de l'ancien bureau, dans l'appel auquel cette Assemblée a bien voulu répondre en se rendant à la présente réunion. Indépendamment du procès-verbal de la dernière séance et du programme de la suivante, les associés recevraient dans le courant de l'année, un bulletin des communications aussi complet que le comporteront les ressources disponibles. Cette publication formerait dans un temps donné un volume d'Annales de la Société. Il pense que l'on doit prendre pour exemple la pratique des autres Sociétés d'Archéologie de la Bretagne, qui se réunissent tous les mois, mais que l'on peut donner satisfaction au vœu exprimé par M. Bourassin, en convenant que chaque trimestre aurait une séance marquée par des communications plus importantes.

M. Audran accepte l'idée de cette distinction en faisant observer qu'elle doit être dans la pratique abandonnée à la discrétion du bureau qui fixe le progamme des séances.

La question étant mise aux voix, l'Assemblée décide que les séances de la Société se tiendront dans les conditions proposées par l'ancien bureau, le troisième samedi de chaque mois, à compter du mois prochain.

M. de Blois invite ensuite l'Assemblée à constituer le bureau de la Société, par l'élection d'un président, de deux vice-présidents, de deux secrétaires et d'un trésorier.

M. Peyron pense que les vice-présidents pourraient être pris dans les divers arrondissements, et que ces choix seraient un nouveau lien entre les membres résidents et ceux qui sont éloignés du chef-lieu. On fait observer, dans un autre sens, qu'il serait agréable à l'Assemblée de donner ce témoignage de sympathie aux confrères qui viennent d'un autre arrondissement coopérer à ses travaux ; mais qu'avant tout il faut songer que l'administration d'une Société marchant activement, exige entre les membres de son bureau des rapports trop fréquents pour qu'on puisse sans inconvénient les choisir hors d'un rayon rapproché du centre.

L'élection donne les résultats suivants ; sont nommés :
Président, M. de Blois ; *Vice-présidents*, MM. du Marc'hallac'h et Roussin ; *Secrétaires*, MM. Le Mén et de Montifault ; *Trésorier*, M. le commandant Faty.

La séance est levée à trois heures et demi.

En l'absence du secrétaire,

A. DE BLOIS, président.

LISTE

DES

MEMBRES DE LA SOCIÉTÉ ARCHÉOLOGIQUE

DU FINISTÈRE

a la date du 20 Avril 1873.

MM. L'abbé ABGRALL, professeur au collége de Pont-Croix.
AUDRAN, maire de Quimperlé.
AYRAULT, substitut du procureur de la République à Quimper.
BAHEZRE DE LANLAY, garde général des forêts à Landerneau.
L'abbé BAYEC, professeur au collége de Pont-Croix.
Le docteur BERNARD, à Carhaix.
BIGOT, architecte du département.
BIGOT, architecte de l'arrondissement de Brest.
BINET, vétérinaire à Quimperlé.
DE BLOIS, Aymar.
BOURASSIN, membre de plusieurs sociétés savantes.
BRIOT DE LA MALLERIE, président de la Société d'Agriculture de Quimper.
CAEN DIT LION, imprimeur à Quimper.
Le docteur LE CAER, à Quimper.
CANVEL, professeur à Quimper.
DE CARNÉ, membre de l'Académie française.
DE CARNÉ (Edmond).
DE CHAMAILLARD, fils, avocat à Quimper.
DU CHATELLIER, correspondant de l'Institut.
CHEGUILLAUME, ingén^r en chef des ponts et chaussées.
DU CLEUZIOU, ancien président de la Société archéologique des Côtes-du-Nord.
Le docteur COFFEC, à Quimper.
COLOMB, ancien conseiller de préfecture.
CORMIER, avocat à Quimper.
DU COUÉDIC, membre du Conseil général.
DE COURCY (Pol).
COZIC, chef de division à la Préfecture.
DAOULAS, fils, ébéniste à Quimper.
DONNARD, employé des lignes télégraphiq^{es} à Quimper.

MM. Dubois-Saint-Sevrin, commis de direction des postes.
Durest Le Bris, avocat à Quimper.
Duval, vérificateur des domaines à Quimper.
Faty, chef de bataillon en retraite, à Quimper.
Fautrel, pharmacien à Quimper.
Flagelle, expert-arpenteur à Landerneau.
De Forsanz, député à l'Assemblée nationale.
Fougeray, membre du conseil municipal, à Quimper.
Friele, propriétaire à Quimper.
H. Gaidoz, directeur de la *Revue Celtique*, à Paris.
Gaubert, membre du Conseil général.
Gorvan, avoué à Quimper.
De Goy, Stephen, avocat à Quimper.
Le Guay, ancien secrétaire général de la préfecture.
L'abbé Guéguénou, recteur de Saint-Martin de Morlaix.
Guermeur, avoué à Châteaulin.
De Guernisac, membre du Conseil général.
L'abbé Guillard.
Le Guillou-Pennanros, membre du Conseil général.
Le docteur Halléguen, à Châteaulin.
Hémon, Louis, avocat à Quimper.
Hémon, Prosper.
Th. Hersart de la Villemarqué, membre de l'Institut.
De Jacquelot, Louis, ancien secrétaire général.
De Jacquelot, Joseph.
Jamet, propriétaire à Châteaulin.
L'abbé Jégou, vicaire général.
R. de Kerret.
C. de Kerret.
De Kerjégu, Louis, maire de Saint-Goazec.
De Kersauzon, membre du Conseil Général.
L'abbé Kerlan, recteur de Plouzané.
L'abbé de Kernaéret.
Lacoste, membre du Conseil général.
De la Lande de Calan, maire de Trégunc.
Laporte, avocat à Quimper.
Du Laurent de la Barre, ancien officier de marine.
De Lécluse, Amédée.
Loarer, agent-voyer en chef des chemins vicinaux.
Malherbe de la Boissière.
L'abbé du Marc'hallac'h, vicaire général.

MM. R.-F. Le Men, archiviste du département.
De Montifault, ancien sous-préfet.
Moreau, Stanislas.
Le Nir, ancien directeur des domaines.
Mgr Nouvel, évêque de Quimper et de Léon.
De Pascal, propriétaire.
Peyron, propriétaire à Quimperlé.
L'abbé Peyron, pro-secrétaire de l'évêché.
Pihoret, préfet du Finistère.
Th De Pompery, député à l'Assemblée nationale.
L'abbé Postic, recteur de Plonévez-Porzay.
De Quélen, Prosper.
De Raismes, membre du Conseil Général.
De Rémond du Chelas, receveur des domaines
Richard, préfet honoraire du Finistère.
Richard, juge de paix à Landerneau.
Rossi, propriétaire à Quimper.
Roussin, membre du Conseil Général.
Roumain de la Touche, ancien procureur impérial
De Saisy, Paul.
Salmon-Laubourgère, présidt du tribl de Quimperlé.
Sauvé, receveur des douanes à L'Aber-Vrac'h.
De Saint-Georges.
De Solminihac.
De Treveneuc, député à l'Assemblée nationale.
Junker, ingénieur ordinaire des Ponts et Chaussées.

ORDRE DU JOUR

Pour la Séance du Samedi 17 mai, à 2 heures, salle de l'Hôtel de Ville.

1° Discussion des articles du Règlement de la Société.
2° Notice sur M. de Caumont, — par M. du Chatellier.
3° Restauration des tombeaux des évêques de Quimper, dans la cathédrale, — par M. R.-F. Le Men.
4° Dons offerts au Musée départemental.

Le Président de la Société, A. DE BLOIS.

Nota. — MM. les Sociétaires qui voudraient payer leur cotisation sont priés d'en adresser le montant (**10 fr.**), à M. FATY, chef de bataillon en retraite, rue des Reguaires, n° 22, à Quimper.

<h1 style="text-align:center">SÉANCE DU 17 MAI 1873.</h1>

Présidence de M. A. de Blois.

Etaient présents : MM. Audran, — Bigot, père, — de Blois, — Bourassin, — Canvel, — du Chatellier, — Cormier, — Durest Le Bris, — Duval, — Faty, — Fougeray, — de Goy, Stéphen, — de Jacquelot, Joseph, — de Jacquelot, Louis, — de Lalande de Calan, — Malherbe de la Boissière, — R.-F. Le Men, — de Montifault, — Moreau, Stanislas, — Le Nir, — Richard, juge de paix, — Soudry.

M. de Blois donne lecture de plusieurs lettres d'adhésion qui ont été adressées, et en particulier de celle de Monseigneur l'Evêque d'Autun et de Châlons.

D'autres adhésions sont parvenues au bureau.

Voici la liste complète des nouveaux membres que la Société est heureuse d'accueillir dans son sein :

MM. Affichard, fils, propriétaire à Quimper ;

Alavoine, Joseph, adjoint au maire de Quimper ;

Allard, fils, entrepreneur à Quimper, membre du Conseil municipal ;

Astor, maire de Quimper ;

De Blois, Xavier ;

Bolloré, Alexandre, propriétaire à Quimper ;

Clairet, imprimeur à Quimperlé ;

Comte de Chauveau, propriétaire à Kériolet ;

Le Dall, sculpteur à Landerneau ;

Foullioy, capitaine de vaisseau, membre du Conseil général ;

François, chef d'escadron, commandant la gendarmerie du Finistère, à Quimper ;

Fréchen, fils, négociant à Quimper ;

Le Guillou-Penanros, juge à Brest;

Le Guillou-Penanros, fils, propriétaire à Concarneau ;

Guitot, négociant à Quimper, membre du Conseil municipal ;

Guyho, avocat à la Cour de Cassation, à Paris ;

Hénon, notaire à Quimper ;

Le Hir, docteur-médecin à Morlaix ;

L'abbé Lamarque, curé de la cathédrale, à Quimper ;

Mgr de Lézéleuc de Kerouara, évêque d'Autun et de Châlons ;

Lorans, avoué à Quimperlé ;

2

MM. Malen, professeur à Quimper ;

Piriou, peintre à Quimper.

Puyo, architecte à Morlaix ;

Richard , Amédée , receveur de l'enregistrement à Châteaulin ;

Le Rouxeau de Rosencoat, membre du Conseil général, à Elliant ;

Soudry, avoué à Quimper ;

Toullemont, négociant au Guilvinec.

Ces adhésions, au nombre de 28, avec celles déjà reçues, s'élèvent à 124.

Le président donne la parole à M. du Chatellier pour la lecture de sa notice sur M. de Caumont.

M. du Chatellier s'exprime ainsi :

Il y a quelques jours seulement que M. de Caumont terminait, à Caen, son utile et longue carrière, entouré des membres de sa famille et de quelques amis.

Après m'être assuré de l'agrément de notre Président, je vous demande la permission de vous entretenir un instant de la vie de cet homme de bien, dont la passion dominante fut l'amour des arts et des antiquités que vous chérissez comme lui.

Vous parler de M. de Caumont, ce sera vous parler d'une vieille connaissance et d'un ami vers lequel vos regrets, comme les miens, se sont portés avec la plus anxieuse inquiétude, à la première nouvelle de sa mort si dommageable pour les études auxquelles il nous a initiés par tant de travaux et par un enseignement qu'il sut rendre si persuasif.

Aucun de nous qui ne sache, en effet, ce qu'il a fait pour rendre à l'étude de nos monuments l'importance qu'elle doit avoir, au double point de vue de l'histoire et de l'esthétique.

Je me rappelle à ce sujet, avec qu'elle juste sagacité notre Maître était jugé par les hommes estimés les plus compétents dans la matière. Je me trouvais, à un de nos congrès scientifiques, placé près de M. de Montalembert, quand, avant d'ouvrir la Séance dans laquelle il devait nous parler de ses excursions en Espagne, il nous entretenait familièrement des services inappréciables que M. de Caumont avait rendus à la science et dont il avait, lui-même profité très-amplement.

« Il faut avoir couru la France et les pays étrangers, comme
« je l'ai fait, avec ses livres à la main, nous disait il, pour
« savoir tout ce qu'il a si judicieusement aperçu de grand et

« d'élevé dans l'art du moyen-âge. Ses contemporains l'ont
« rarement contesté, mais trop souvent ignoré. La postéri té lui
« devra des statues .. »

Ce suprême jugement de l'illustre auteur des Moines d'Oc-
cident m'est resté fermement empreint dans l'esprit, et je pense,
aujourd'hui plus que jamais, quand cette existence si belle et si
généreusement dévouée vient de se clore, qu'il ne doit être
rien rabattu de l'opinion, qu'en ont eue les hommes les plus
considérables de notre âge.

J'en ai, pour garant, ce que l'illustre Humbold lui écrivait,
en le félicitant d'avoir réuni, *dans un même faisceau, tant d'é-
léments dispersés sur la surface très-variée de la France*, et je
pourrais également citer ce que me disait, un jour, M. Guizot,
en prenant la présidence d'un de nos congrès de la rue Bonaparte, vers 1868 :

« Que c'était chose bien rare, par le temps où nous vivons,
« de voir des institutions compter plus de trente ans de
« durée, et que l'exemple donné par notre ami ne saurait être
« trop encouragé. »

Mais pourquoi ne trouverions-nous pas, dans la modeste et
nouvelle existence de la société à laquelle nous appartenons,
l'entière justification des appréciations accordées au Maître
dont relèvent, depuis un demi-siècle, toutes les Sociétés archéologiques de France ?

En nous remettant à l'œuvre, nous cédons aujourd'hui encore
à l'impulsion que nous a donnée M. de Caumont, et j'ai pensé
que nous ne saurions mieux faire pour prendre une idée convenable des efforts qui pourront assurer le succès de notre entreprise, que de jeter un rapide coup d'œil sur une partie de ses
travaux, afin d'apercevoir les horizons qu'il a lui-même ouverts
devant nous.

Né à Bayeux, M. de Caumont avait eu la bonne fortune de
trouver, au collège de Falaise, où il fit ses premières études,
des professeurs distingués, qui surent deviner ses goûts et les
encourager. Bientôt appelé à Caen pour y faire son droit, il de-
vint promptement l'un des élèves les plus distingués des cours
publics des deux Facultés des Sciences et des Lettres. Le droit,
l'histoire naturelle, les études archéologiques et la musique se
partagèrent ses moments et les absorbaient presque complètement.

Il se plaça presque partout à la tête de ses compétiteurs, si
bien qu'on le vit à la fois Secrétaire de deux Sociétés savantes

qu'il fonda avec quelques amis, sous les titres de *Société Linnéenne* et de *Société des Antiquaires de la Normandie.* Les notices nombreuses et remarquables de M. de Caumont comprises dans les mémoires de ces deux Compagnies ne tardèrent pas à leur donner une autorité dont l'influence fut prompte à se faire sentir.

Les arts, et la musique surtout, continuaient à donner à son esprit, déjà fort cultivé, et à son caractère ce charme aimable et persuasif, qui lui a valu tant d'amis dévoués et fait naître sur ses pas tant de vocations scientifiques.

Travaillant, dès cette époque, au cours d'archéologie qu'il allait bientôt ouvrir, on le voyait, en même temps, courir le pays à cheval, prenant des notes pour les cartes géologiques du Calvados et de la Manche qu'il a publiées, et venir s'asseoir, au retour de ses excursions, au grand orgue de St Etienne de Caen que l'organiste de cette belle Eglise lui confiait de temps en temps.

Pendant les dix ou douze années que M. de Caumont resta chargé du Secrétariat des deux Sociétés qu'il avait fondées, de nombreux volumes de mémoires, des dessins et des cartes, publiés en partie à ses frais, parurent et firent sa réputation et celle de ces Sociétés.

C'est alors, et vers 1830, que parut le premier volume de son cours d'antiquités, en même temps qu'il faisait de l'archéologie l'objet d'un enseignement oral que de nombreuses personnes suivaient avec le plus grand intérêt.

Qu'ai-je besoin de dire que c'est de cette époque, c'est-à-dire, de l'apparition de son cours d'antiquités, que date pour nous tous cette profonde révolution qui s'est opérée dans l'étude des monuments de notre pays, en nous conduisant à les considérer avec un sentiment plus élevé et plus exact des véritables conditions de l'art.

Mais la pensée de de Caumont, en prenant un vol aussi résolu vers une réhabilitation de l'art dont quelques doctrines s'étaient profondément altérées sous le poids de préoccupations étrangères devenues très-exigeantes, ne pouvait tarder de le pousser au-delà des étroites limites de la ville et de la province où ses premiers essais avaient eu un si remarquable résultat.

Ce fut en 1833, qu'il réalisa la pensée des *Congrès scientifiques de France,* dont le besoin commençait d'ailleurs à se faire sentir sur plusieurs points à la fois, ainsi que le prouve une première réunion des lettrés de la Bretagne et de l'Anjou qui eut lieu à Nantes la même année, et dont nous eûmes l'honneur d'être l'un des secrétaires.

Le premier Congrès scientifique de France fut tenu à Caen, et M. Guizot en eut la présidence, de Caumont en ayant été l'inspirateur et le secrétaire.

Aujourd'hui plus de cent volumes de mémoires et de procès-verbaux sont venus confirmer l'utilité de cette belle institution, et, comme nous avions l'honneur de le dire, devant l'Académie des Sciences morales, à laquelle nous rendions compte, en 1865 de ses travaux, on peut affirmer que l'histoire scienti-fique et littéraire de nos provinces s'y trouve complètement consignée pour les quarante et quelques années écou-lées.

Si vous y joignez une vingtaine de volumes, des mémoires des Congrès archéologiques, autres Congrès plus spéciaux, éga-lement fondés par M. de Caumont, et aussi les volumes et les mémoires du Congrès des délégués des Sociétés savantes réuni annuellement à Paris, depuis 1843, vous trouverez, dans ces études, l'énoncé et souvent la solution d'une foule de ques-tions que le temps et les besoins de notre âge ont posées suc-cessivement. Enfin, si nous reprenions une à une ces questions et les débats auxquels elles ont donné lieu, vous reconnaîtriez facilement avec moi que si tant d'hommes distingués et sou-vent illustres sont venus prendre part aux discussions ouvertes, c'est que sous l'inspiration du maître on y trouvait une com-plète liberté d'exposition qu'on n'aurait rencontrée nulle part ailleurs, soit que le caractère officiel de certaines assemblées s'y opposât, soit qu'une teinte d'apparat gouvernemental en-levât à la parole des orateurs cette ampleur et cette flexibilité qui faisaient le charme de ces libres réunions.

Aussi fut-ce par mille, douze et quinze cents que se complè-rent plusieurs fois les souscripteurs empressés de ces grandes assises de la science, où nous avons vu venir s'asseoir les hommes les plus considérables de notre pays et de l'é-tranger.

Et que devenait le maître aimé et prisé de tous, au milieu de ce mouvement des idées du jour ? Il commençait invariable-ment par refuser l'honneur qu'on voulait lui faire de toute pré-sidence que ce fut, et, placé au second ou au troisième rang du bureau, il s'y tenait silencieux, restant seulement en éveil sur ce qui pouvait faire valoir les hommes et les idées qui se produisaient....., et ce n'était qu'à la fin des réunions que, tenant à clore, par lui-même, la session ouverte, il recherchait, par l'entremise de quelques intimes, ceux qui voudraient bien accepter une invitation à un banquet où il tenait à réunir une centaine des plus dévoués auxquels il laissait le soin de dire, dans des *toasts* de la dernière heure, ce qu'il conviendrait de faire dans les sessions suivantes.

Plus de soixante congrès, tenus à Paris ou dans la province, ont ainsi été préparés et conduits par lui. et si l'on fait entrer dans cette énumération, les réunions aussi nombreuses de l'association des cinq départements de la Normandie qui a compté jusqu'à 3,000 adhérents, on trouve que, de compte bien fait, soit sur l'agriculture, soit sur le commerce, sur la statistique, les sciences naturelles, les antiquités, les arts et les lettres, plus de 500 volumes de mémoires et de procès-verbaux ont été publiés par ses soins et fort souvent à l'aide de déboursés de son épargne personnelle.

Comme vous le voyez, le labeur a été patient mais considérable, et je n'hésite pas à dire que les hommes de la province surtout lui ont les plus grandes obligations, témoin cette espèce de Manuel tiré de son cours d'antiquités, sous le titre modeste d'Abécédaire archéologique dont 30,000 exemplaires ont été vendus, à notre connaissance, et lui valaient un beau denier que nous l'avons vu de nos yeux répartir aussitôt en médailles, en prix, ou en sommes consacrées à des fouilles archéologiques, ne se réservant, dans sa simplicité plus que modeste, que ce qui lui était nécessaire pour passer à un magasin de confection où il avait l'habitude de renouveler son vestiaire.

Vous avez, comme moi, sans doute, souvent entendu parler de la fécondité joyeuse et intarissable d'un aimable romancier, longtemps l'élu des viveurs de notre âge, qui aurait aussi laissé quelque chose comme 500 volumes de nouvelles et de romans lus avec une activité fiévreuse.

M. de Caumont, resté l'homme le plus modeste de la France, malgré sa belle fortune et une alliance dans la maison des Bellefonds qui eut un Maréchal de France sous Louis XIV, n'a jamais vécu que de cette vie retirée de laquelle il ne sortait que pour aller d'une ville à l'autre, rechercher ceux qui, comme lui, vivaient des émotions que l'on trouve dans cette gymnastique de l'esprit, pure et vivante satisfaction des hommes qui parviennent à se détacher suffisamment des choses de ce monde pour en aimer de plus élevées et de plus nobles.

Nous ne pourrons, sans doute, le suivre que de loin dans cette voie ; mais ce m'est une occasion de vous rappeler, que quand nous essayâmes, en 1843, d'établir, à l'exemple de la Normandie, une Association agricole et littéraire des cinq départements de la Bretagne , M. de Caumont s'empressa de se rendre à notre appel, et vint à Vannes, lieu de notre réunion, nous prêter l'utile concours de son nom déjà célébre. Il nous guida, avec une affabilité sans égale, dans tout ce qui tenait à une première organisation, et, voulant nous laisser un témoignage de l'alliance plus intime et plus resserrée de tous les départements entre eux pour l'œuvre indispensable de leur émancipation littéraire, il nous remit un drapeau portant les noms des cinq départements de la Normandie qui figura, dans toutes nos séances, à côté de celui sur lequel nous avions inscrit cette vieille devise des Bretons : *Potius mori quam fœdari.* Ne penserez-vous pas que ce gage de son amitié et de ses espérances pour les études auxquelles la Bretagne allait se livrer, ne saurait être mieux placé que dans le musée archéologique qui se forme près de nous?

J'ai l'honneur de vous le remettre dans cette pensée, et j'espère que personne ne perdra de vue que notre illustre Maître, par la persistante tenacité de ses études et de ses recherches, a élevé la science des antiquités au niveau d'une des branches les plus importantes de l'histoire. La gloire incontestable de M. de Caumont sera surtout d'avoir ouvert, devant les hommes de la province, des horizons nouveaux vers lesquels il nous a laissé des jalons nombreux et très-sûrs. Quelquefois, attristé des obstacles qu'on lui opposait, il paraissait disposé à fléchir ; mais, se relevant aussitôt, il retrouvait, dans les circonstances mêmes qui l'environnaient, tous les éléments d'une lutte plus ardente, dans laquelle ses forces et sa résolution semblaient se rajeunir.

Ainsi, nous le vîmes un instant hésiter, quand le Ministre de l'Instruction publique, en 1860, profitant de l'exemple que nous lui donnions depuis plus de vingt ans, eut, du même coup, l'idée d'avoir aussi son congrès des délégués des Sociétés savantes, et son bulletin des publications faites en province, (choses passées à l'état chronique chez nous). M. de Caumont s'effraya de la concurrence qu'allaient créer à nos réunions les médailles, les récompenses honorifiques et les frais de déplacement que le Ministre ne manquerait pas d'accorder à ses Universitaires.... Mais le danger disparut presque aussitôt. Les amis des lettres et les auteurs de mémoires furent nombreux à la Sorbonne, où le Président, l'œil fixé sur le cadran de sa montre, distribuait avec parcimonie les quarts d'heure accordés à chaque lecteur. Mais, les habitués du congrès central de Caumont, où, depuis longtemps on lisait fort peu, pour discuter et se tenir plus que jamais dans les actualités du moment, furent encore plus nombreux, et nous trouvons, dans quelques-unes des dernières lignes tracées de la main affaiblie de notre ami, que 22 membres de l'Institut des provinces, fondé peu d'années avant l'ouverture des séances de la Sorbonne, sont entrés, en 1871, au sein de l'Assemblée nationale.

C'est assez dire quel était l'esprit de nos réunions ; et si je m'arrêtais à rechercher quels ont été leurs habitués les plus dévoués, il me suffirait de nommer parmi eux une foule d'hommes qui ont marqué leur place à la tête des affaires publiques ou de la science.

Mais, au lieu de m'attacher, plus longtemps aux pas de ceux qui ont honoré, à un titre ou à l'autre, les belles institutions dont l'existence reste liée désormais au nom de M. de Caumont, qu'il me soit permis de consacrer ici un double témoignage de reconnaissance pour lui et pour la femme éminemment distinguée qui, pendant près d'un demi-siècle, a soutenu, avec tant de résolution et de discernement, les efforts de celui qui, a suivi, sans jamais s'en écarter, le sentier de la science où il a établi, pour nous, tant de stations où les exprits les plus libres et les plus chercheurs s'arrêteront longtemps avec délices.

Cette lecture écoutée avec une sympathique attention est suivie de marques unanimes d'approbation.

M. du Chatellier répète qu'il est possesseur de la bannière que M. de Caumont, au nom de l'Association normande, offrit autrefois à l'Association bretonne, et que ce sera pour lui un plaisir de faire don de cette relique à la Société d'Archéologie du Finistère, pour être déposée au Musée départemental, où elle rappellera à tous le souvenir de M. de Caumont.

M. de Blois se fait l'interprète des sentiments de l'assemblée en remerciant vivement M. du Chatellier de l'hommage par lui rendu au célèbre et si modeste érudit que la science vient de perdre.

L'Assemblée, a dit M. le président, ne pouvait, dans le deuil général de toutes les Sociétés d'Archéologie, mieux

inaugurer la reprise de ses travaux que par l'hommage
que l'un de ses membres vient de rendre à la mémoire du
fondateur de la science dont nous sommes ici les adeptes,
du promoteur infatigable de cet heureux retour vers l'étude
des arts du moyen-âge. Ce sentiment protège aujourd'hui
ses monuments contre le vandalisme de l'impiété ou de
l'ignorance qui en a détruit ou mutilé un si grand nombre.

Mes relations avec M. de Caumont, sans être aussi
suivies que celles de M. Duchatellier, ont duré trente ans.
Elles remontent à la fondation de l'Association bretonne
qui m'avait fait l'honneur de me confier la direction de sa
classe d'archéologie. Je me hâtai de réclamer les conseils
de l'expérience de M. de Caumont. La Bretagne n'avait
alors qu'une seule Société d'Archéologie, c'était celle des
Côtes-du-Nord. Il m'encouragea à tenter la fondation des
quatre autres qui, en moins de quelques mois, furent éta-
blies à Rennes, Nantes, Vannes et Quimper. C'est donc
sous son inspiration que la nôtre a pris naissance.

Je ne vous parlerai pas, Messieurs, de l'accueil aimable
que je rencontrai dans sa belle habitation de Vaux-sur-
Laison, voisine de Caen, ville où il passait la saison d'hiver.
L'étude qui fait progresser la science, ne suffit pas pour
en assurer la diffusion. A un dévouement sans bornes, qui
mettait au service de ses progrès une fortune considérable
et une incroyable activité, M. de Caumont joignait le don
précieux d'une éminente sociabilité. Personne ne fit jamais
moins d'étalage de ses connaissances, qui étaient on peut le
dire, presqu'universelles. Il ne s'occupait que de faire valoir celles des personnes avec lesquelles ses réunions
scientifiques le mettaient en rapport. Cette abnégation, di-
sons mieux, cette humilité, lui donnait un empire irrésis-
tible pour écarter dans ses congrès les vaines prétentions
d'amour propre et en éloigner toutes les causes de division ;
tout y était ordonné de manière à faire marcher de front
dans leurs nombreuses sections, consacrées les unes aux
sciences naturelles, les autres à l'histoire ou à la littérature,
ces connaissances utiles dont il a été partout le propagateur.

Telle a été la carrière remplie par M. de Caumont, pendant plus de trente années. Il était au courant des arts
comme des sciences ; ses titres archéologiques sont cepen-

dant plus connus que les autres. Lui ayant demandé un jour comment il était arrivé à déterminer les caractères archéologiques de chaque époque, il me répondit que dans sa jeunesse, son goût pour l'art l'avait porté à suivre M. Jolimont pendant que ce dessinateur reproduisait la belle église de Bayeux pour son ouvrage des *Cathédrales de France*, et que, partant des données vagues qu'il avait recueillies de cet artiste, il était, à force d'observation, arrivé à la classification des styles qu'il a enseignée dans ses cours d'archéologie monumentale.

Il y a quelques années, je rencontrai, un dimanche matin, M. de Caumont qui passait dans notre ville pour se rendre à l'habitation de M. du Chatellier, et j'eus le plaisir de visiter avec lui notre belle cathédrale.

Il a, comme vous l'a très-bien rappelé M. du Chatellier, concouru à la fondation de l'Association bretonne, qui reçut de ses mains la bannière que voulut bien alors offrir, comme à une sœur, l'Association normande. Qu'il me soit permis de revendiquer pour notre Association qui va renaître, ce symbole de l'union des deux grandes provinces de l'Ouest.

Je remercie, au nom de la Société, M. du Chatellier de son hommage à la mémoire de M. de Caumont. Je ne fais qu'exprimer nos communs sentiments, en priant l'auteur de nous remettre les pages qu'il nous a lues. Nous serons heureux de les reproduire dans notre bulletin, pour nos confrères absents à cette séance.

J'arrive de Saint-Brieuc. Il a été arrêté que la Bretagne reprendrait ses Congrès. Vous en aurez les prémices, Messieurs. Il a été résolu que dès le mois de septembre notre ville serait encore le siége de ses assises agricoles et archéologiques.

L'assemblée, par un témoignage unanime, s'associe à la proposition de M. le président.

L'état de santé de M. Le Men ne lui permettant pas de lire son travail sur la restauration des tombeaux des évêques de Quimper, on passe à la discussion du règlement.

Le secrétaire donne lecture du projet, puis il est passé à l'examen des articles.

Diverses observations sont présentées dans le cours de

la discussion par MM. Bourassin, de Blois, Richard, Duval, Cormier, Fougeray, Malherbe de la Boissière, Durest Le Bris, de Goy, de Montifault, Le Men, du Chatellier et Audran.

Les articles suivants, composant le règlement, sont ensuite successivement votés par l'assemblée :

RÈGLEMENT

ARTICLE 1er. — La Société archéologique du département du Finistère a pour objet :

1° De rechercher, d'étudier et de décrire les monuments anciens, et plus spécialement ceux du Finistère, et de veiller à leur conservation ;

2° D'étudier l'histoire, les idiomes et les institutions du pays ;

3° De travailler à l'accroissement du Musée départemental d'archéologie.

ART. 2. — Le bureau de la Société se compose : d'un président, de deux vice-présidents, de deux secrétaires et d'un trésorier.

Le président et les vice-présidents sont élus annuellement, au mois d'avril, au scrutin secret, et à la majorité des membres présents.

Les secrétaires et le trésorier sont élus aussi au scrutin secret et pour une période de trois ans.

En cas de vacance, leurs successeurs ne sont élus que pour le laps de temps restant à courir jusqu'au terme de la période pour laquelle ils avaient été nommés.

ART. 3. — Le président dirige les séances, donne la parole, veille à l'exécution du règlement, fait les convocations, délivre les mandats des dépenses autorisées par la Société et la représente dans ses relations avec l'autorité ou avec les autres Sociétés.

En cas d'empêchement, il est suppléé par l'un des vice-présidents, ou à défaut, par un des membres présents désigné par l'assemblée.

Art. 4. — Les secrétaires rédigent les procès-verbaux des séances, en surveillent l'impression, l'envoient aux sociétaires, et sont chargés de la conservation des ouvrages et documents appartenant à la Société.

Art. 5. — Le trésorier perçoit la cotisation des sociétaires et toutes autres sommes pouvant revenir à la Société ; il acquitte les dépenses ordonnées ou approuvées par le président, à l'exception des menus frais ; il tient les comptes et soumet les résultats de sa gestion à la Société à la fin de chaque année.

Art. 6. — Le bureau fixe l'ordre du jour, décide, s'il y a lieu, la convocation à des séances extraordinaires, nomme les commissions, délibère sur tout ce qui peut intéresser la Société, et règle tout ce qui tient à la publication, soit *in-extenso*, soit en résumé, de mémoires, notices ou travaux de toute nature communiqués à la Société.

Art. 7. — Pour être membre de la Société, il faut :
1° Être présenté par deux membres déjà inscrits ;
2° Être inscrit à l'ordre du jour de la séance du vote ;
3° Obtenir la majorité des voix des membres présents à la séance.

Art. 8. Les membres de la Société payent une cotisation annuelle de DIX FRANCS, au mois d'avril de chaque année, ou au moment de leur admission. Toutefois, les membres admis à partir du 1er octobre n'auraient à verser que CINQ FRANCS pour le semestre d'octobre à avril.

Art. 9. — Tout membre qui serait en retard d'une année pour le paiement de sa cotisation, pourra être déclaré démissionnaire.

Art. 10. — Les séances de la Société ont lieu à Quimper, le second samedi de chaque mois, à deux heures, dans la salle du Musée départemental d'archéologie réservée aux antiquités gallo-romaines. Toute séance extraordinaire sera l'objet d'une convocation spéciale adressée en temps utile à chaque sociétaire (1).

---

(1) Dans la réunion du 15 avril, le troisième samedi de chaque mois avait été choisi pour le jour ordinaire des séances. Cette décision a été modifiée par l'article 10 du règlement, sur l'observation bien fondée que le troisième samedi du mois correspondant au jour de foire de Quimper, plusieurs membres, retenus par leurs affaires, ne pourraient ce jour-là, se rendre aux séances de la Société.

Art. 11. — Un bulletin mensuel sera adressé aux sociétaires, huit jours, au moins avant chaque réunion. Outre le procès-verbal de la séance précédente et l'ordre du jour de la prochaine réunion, il contiendra, soit in-extenso, soit par extrait, les mémoires dont l'impression aura été reconnue utile par le bureau.

Art. 12. — L'ordre du jour inscrit à la suite du bulletin, indiquera avec le jour et l'heure de la réunion, l'objet des lectures et communications qui seront faites à la séance, et qui devront être annoncées au président au moins quinze jours à l'avance.

Art. 13. — Les membres dont les travaux seraient publiés in-extenso dans le bulletin de la société, devront fournir, huit jours au plus tard après la séance, un manuscrit définitif de leur travail qui servira aux secrétaires pour corriger les épreuves.

Art. 14. — Le titre de membre honoraire pourra être décerné aux savants connus par leurs travaux, aux personnes qui auront rendus de grands services à la Société, ou à celles qui auront fait des dons importants au Musée départemental d'archéologie.

Art. 15. — Lorsque M. le Préfet du Finistère, Mgr l'Evêque, ou M. le maire de Quimper assisteront à la séance, ils prendront place près du Président.

Art. 16. — Toute discussion politique ou religieuse est interdite dans les réunions de la Société.

Art. 18. — Le présent règlement ne peut être modifié que sur une demande formée par *dix* membres au moins, et signée par eux.

Il sera procédé au scrutin un mois après que la modification demandée aura été inscrite à l'ordre du jour.

Dans le cas ou trois membres présents ne trouveraient pas la réunion assez nombreuse, ils pourraient demander le renvoi à la séance suivante.

A cette séance le vote aura lieu à la majorité des membres présents, quelqu'en soit le nombre.

Après le vote du règlement, M. Duval demande où seront conservés les archives et documents appartenant à la Société, et quels sont, dès aujourd'hui, ces documents.

M. de Blois répond qu'il a entre les mains les procès-verbaux de l'ancienne Société et quelques ouvrages qui lui ont été offerts, et qu'il tient le tout à la disposition de la Société.

M. Le Men fait connaître que le Musée départemental d'archéologie lui paraît être le lieu le plus convenable pour la conservation de ces ouvrages et de ceux qui pourraient être ultérieurement offerts à la Société, et qu'il y existe une armoire où ils seraient à l'abri de toute chance de détérioration.

M. le président invite les membres présents à faire une visite au Musée, où ils pourront se rendre compte des nouvelles acquisitions qui ont été faites, de son aménagement et de l'emplacement proposé pour la conservation des archives de la Société.

M. Audran, avant la clôture de la séance, fait hommage au Musée départemental d'une lance en bronze d'une parfaite conservation, trouvée il y a quelques années, dans l'enclos des Ursulines de Quimperlé.

La séance est levée à 4 heures et demi.

Le Secrétaire,
V. DE MONTIFAULT.

ORDRE DU JOUR

Pour la séance du samedi 14 juin, à 2 heures, dans une des salles du Musée d'Archéologie.

1° Restauration des tombeaux des évêques dans la cathédrale de Quimper, par M.R. F. Le Men.

2° Notice sur le château du Taureau, près Morlaix, par M. A. de Blois.

Le Président de la Société,
A. DE BLOIS.

NOTA. MM. les Sociétaires qui voudraient payer leur cotisation, sont priés d'en adresser le montant (10 francs), à M. Faty, chef de bataillon en retraite, rue des Reguaires, n° 22, à Quimper.

Dons offerts au Musée départemental d'archéologie.

M. Flagelle, expert à Landerneau, membre de la Société.

1° Bague romaine en verre bleuâtre, trouvée en défrichant un bois, à 400 mètres au nord de Lestremclar, en la commune de Sizun (Finistère). C'est dans la même localité, où les débris romains abondent, que fut découverte il y a quelques années, nne tête de femme, en terre blanche, qui a appartenu à une statuette de plus grande dimension que celles que l'on rencontre habituellement en Bretagne. M. le Bourg, notaire à Sizun, a fait don de ce remarquable fragment au Musée départemental, par l'intérmédiaire de M. Flagelle.

2° Anneau de bronze trouvée en 1872, en défrichant le champ de bataille de Landerneau.

3° Un petit bronze de Crispus et un ardillon de boucie en bronze trouvés en 1872, au milieu de substructions romaines, en la commune de Ploudaniel (Finistère).

4° Un petit brouze de Tetricus I, trouvé dans les ruines romaines de Kerradennec, sur la voie qui conduisait a *Vorganium*.

5° Un petit bronze de Tetricus II., même provenance.

6° Six petits bronzes barbares, même provenance.

M. Labasque, agent-voyer de l'arrondissement de Brest.

Plaque antique de bronze, de 4 centimètres de côté, garni de trois clous en même métal, trouvée en 1871, à Pen-ar-C'hleuz, en la commune de Guipavas (Finistère), à 2 mètres de profondeur, contre le chemin vicinal de Landerneau à Kerhuon (S°ⁿ E, n° 376 du cadastre).

M. Collin, cultivateur au Quenquis-Meur, commune de Plouider (Finistère).

1. Une monnaie gauloise en bronze coulée, de provenance inconnue.

2. Quatre petits bronzes ou monnaies de billon de Gallien, trouvés à Keralien, en la commune de Plabennec, sur la limite de celle de Guipavas (Finistère).

3. Un petit bronze de Salonine, femme de Gallien ; même provenance. — SALONINA AUG. Son buste diadémé à droite

avec le croissant. *Rev.* Aug. in pace, Salonine assise à gauche tenant une branche d'olivier et un sceptre, A l'exergue : P.

Cette pièce n'est pas commune.

4. Douze monnaies de même module de Postume ; même provenance. Parmi ces monnaies les deux suivantes sont assez rares.

I. — Imp. C. Postumus p. f. Aug. Son buste radié à droite avec le paludament. *Rev.* Herc. Deusoniensi. Hercule nu debout à droite appuyé sur sa massue et tenant un arc ; la peau du lion repose sur son bras gauche.

II. — Imp. C. Postumus p. f. Aug. Son buste radié à droite avec le paludamsnt. *Rev.* Saeculo Frugifero. Caducée ailé.

5. Un petit bronze de Quintillus ; même provenance.

6. Une monnaie de même module de Constantin II ; même provenance.

M. Adolphe Alavoine, négociant à Pont-Croix.

1° Urne gauloise en terre, munie d'une anse, trouvée en 1871 dans le tumulus de Lescongard, en la commune de Plouhinec.

2° Un demi-écu de Navarre et Béarn.

M. Anatole de Barthélémy, secrétaire de la Commission de la Topographie des Gaules.

Seize monnaies gauloises appartenant à divers peuples et pouvant se répartir ainsi : Aedui, 6 ; Allobroges, 1 ; Bituriges, 1 ; Carnutes, 3 ; Ericasses, 1 ; Massalia, 1 ; Petrucorii, 1 ; Segusavii, 1 ; Sequani, 1.

M. Gaubert, notaire à Carhaix, membre du conseil général.

1° Une hache en pierre provenant des environs de Carhaix.

2° Une hache en bronze trouvée dans la commune du Huelgoat.

(A suivre.)

Quimper, imprimerie d'Alphonse CAEN.

SÉANCE DU 14 JUIN 1873.

Étaient présents : MM. Audran. — Ayrault. — De Blois. — Briot de la Mallerie. — Cormier. — Donnard. — Duval. — Fougeray. — Le Guay. — Hersart de la Villemarqué. — De Jacquelot de Boisrouvray; Louis. — Maleh. — De Montifault. — Moreau. — Roussin. — De la Touche.

M. le Président donne connaissance à l'assemblée de deux lettres de M. Roussin, vice-président; par la première, M. Roussin fait connaître qu'il ne s'est décidé à accepter les fonctions de vice-président que dans la crainte de causer par un refus des embarras à la constitution de la Société, mais que depuis, le grand nombre d'adhérents, parmi lesquels se trouvent plusieurs hommes spéciaux, est venu lui donner la conviction que ces fonctions seraient acceptées par des membres plus versés que lui dans les questions archéologiques.

Par une seconde lettre, M. Roussin persiste dans sa démission tout en annonçant qu'il restera membre actif de la Société et qu'il lui prêtera son aide et son concours toutes les fois qu'elle en aura besoin.

En présence de cette persistance de M. Roussin, qui assiste à la séance et qui renouvelle les déclarations contenues dans ses lettres, en disant que de plus dignes et de plus éclairés que lui peuvent accepter les fonctions de vice-président, M. de Blois se voit obligé de mettre aux voix l'acceptation de la démission de M. Roussin.

Cette démission est refusée à l'unanimité moins deux voix, le Président et M. Roussin s'étant abstenus.

Après ce vote, M. Roussin, persistant dans sa démission, M. Audran, et après lui M. le Président se font les interprètes des regrets unanimes qu'inspire à l'assemblée la résolution de M. Roussin.

La nomination d'un nouveau vice-président est mise aux voix.

L'assemblée décide à l'unanimité que l'élection d'un vice-président sera inscrite à l'ordre du jour de la séance du 12 juillet, et qu'il sera, dans cette séance, procédé au vote, conformément à l'article 2 du règlement.

M. le Président fait connaître à la réunion qu'il a reçu

de M. Joseph Denais, demeurant à Beaufort en Vallée, près d'Angers, une petite brochure intitulée *Les victimes de Quibéron,* dont l'auteur fait hommage à la Société en lui offrant d'entrer en relation avec elle.

La réunion invite M. le Président à remercier l'auteur et à lui faire savoir qu'elle entrera volontiers en relation avec lui.

M. le Président, passant à l'ordre du jour, fait connaître que M. Le Men étant malade, ne peut se rendre à la séance et faire la lecture annoncée sur la restauration des tombeaux des évêques de la cathédrale de Quimper.

M. de Blois prend ensuite la parole et lit le travail suivant :

NOTICE

SUR

LA VILLE DE MORLAIX ET LE CHATEAU DU TAUREAU.

MESSIEURS,

Je ne comptais vous entretenir que de la forteresse municipale du Château du Taureau, près de Morlaix ; mais je me suis laissé entraîner par l'intérêt du sujet à vous occuper de cette ville, en faisant usage d'excellentes recherches faites par un savant antiquaire dont je n'ai pas besoin de rappeler le nom. L'histoire de toutes les villes du Finistère mérite d'être accueillie dans notre Société départementale.

Je ne m'étendrai pas sur le nom de *Morlaix.* Ce nom en latin *Mons relaxus,* et en breton *Montroulès,* suffit pour faire reconnaître qu'on le prononçait anciennement Montrelais. C'était, il n'y a pas encore si longtemps, celui de l'une des hauteurs dont cette ville est entourée. Ce nom donné à d'autres localités situées dans des gorges de montagnes, ne saurait être mieux justifié que dans celle-ci.

On conserve dans cette ville des monnaies du iiie siècle, découvertes, il y a plus d'un demi-siècle, dans les ruines de son château et de ses remparts, ce qui a donné lieu de conjecturer qu'ils furent élevés sur l'emplacement d'un *castrum* romain. Cette opinion doit être facilement admise. Il serait étrange qu'une position si avantageuse pour le commerce maritime eut échappé à l'attention des vainqueurs de la Gaule. Mais comment fût-elle abandonnée dans les âges suivants ?

Les monnaies dont il est question s'arrêtent au règne de

l'empereur Valérien, vers l'an **264**. Il est à remarquer que cette époque, à laquelle commence le déclin de l'empire, fut aussi celle de grandes calamités pour la Gaule septentrionale surtout. C'est celle des grandes incursions de la piraterie saxonne qui détruisit plusieurs de ses villes que le gouvernement impérial n'eut plus désormais la puissance de rétablir. D'ailleurs, le commerce de cet établissement devait se faire avec la Grande-Bretagne, qui était encore plus ravagée par ces barbares dont elle a fini par devenir la proie.

Il est possible que cette ville antique ait porté le nom de *Julia* ; mais le témoignage d'un écrivain du xıı^e siécle, comme celui de Conrad de Salisbury, qui ne cite aucune autorité à l'appui de cette assertion, ne peut pas être d'une valeur sérieuse. Morlaix est une ville du moyen-âge. La population qu'y avait attirée le commerce maritime était, au commencement du même siècle encore éparpillée en petites agglomérations ayant chacune leur église, et elle était protégée par le voisinage d'une petite enceinte fortifiée, qui devait en occuper le centre. C'est l'idée que nous en donne l'acte de donation de l'une de ces églises aux moines de Marmoutier, qui est celle de Saint-Martin. Cet acte est de l'année 1128. Les églises de Saint-Mathieu et de Saint-Melaine, de Morlaix, devinrent aussi dans les mêmes temps, des prieurés desservis par des moines avant d'être érigées en paroisses. Les services que rendait le clergé monastique étaient plus appréciés que ceux du clergé séculier. Ces fondations furent faites par les comtes du Léon, qui ne prenaient alors que le titre de vicomtes.

C'était encore l'époque des guerres baronales. Les annales du temps sont pleines du récit des débats qui s'agitaient par les armes entre les grands seigneurs du pays ou que ceux-ci avaient à soutenir contre les ducs de Bretagne, qui ne prenaient alors le titre de comte. Hervé III, comte de Léon, était en guerre avec le duc Conan IV. Ce prince appela le secours d'Henry II, roi d'Angleterre, et du duc de Normandie qui fit une invasion dans le pays de Léon, en 1166, et détruisit les châteaux de Lesneven, Saint-Pol et Trebez. On voit les ruines de cette dernière fortification près de Morlaix. Guyomarh VI qui succéda à Hervé de Léon, était d'un caractère brouillon ; les violences par lesquelles il ensanglanta sa famille, amenèrent l'intervention de Geoffroi, qui venait de monter sur le trône ducal par son mariage avec Alix, fille de Conan. Geoffroi en prit occasion de s'emparer de Morlaix en 1179. A la mort de ce prince, Guyomarh protesta contre cette confiscation par la reprise de cette ville. Quelques années plus tard, le roi d'Angleterre, père de Geoffroi, revendiquait par un siége qu'il fit en personne, les droits du jeune duc Arthur de Bretagne, son pupille. Après une vigoureuse résistance des assiégés, Henry II s'empara de cette place qui depuis fut définitivement annexée au duché. Cette acquisition était pour les princes bretons d'une très-grande importance, en ce qu'elle scindait les possessions des comtes de Léon, en isolant de leur ancien domaine, délémité à Morlaix par le cours du Jarleau, de vastes contrées dont ils étaient devenus maîtres dans le pays de Tréguier (1). Ainsi commençait le déclin de cette maison puissante dont les prodigalités de ses derniers comtes avaient, moins d'un siècle après, complété la ruine. Les vicomtes de Léon que nous retrouvons ensuite dans l'histoire, ne sont plus qu'une branche puinée de cette famille.

La politique ducale recommandait la ville de Morlaix à toute la sollicitude des princes bretons. Ils venaient y passer du temps dans un château de plaisance construit d'abord sur la rive gauche et aux bords du Queffleut. Il fut rebati sur les terrains plus élevés qui dominaient l'ancienne enceinte de ville, après que le premier emplacement de ce château eût été abandonné pour former l'enclos du couvent des Dominicains que les habitants y fondèrent en 1235. Jean II se plut à orner le nouveau château. En exécution d'un vœu qu'il avait fait étant à la Réole, en Guyenue, où il combattait avec les Anglais, il construisit la belle église de Notre-Dame du Mur, que Jean IV se chargea plus tard de couronner par un magnifique clocher. C'était la chapelle ducale ; Jean II y avait institué une collégiale desservie par un prévôt et huit chapelains, en 1295, et fait transférer la confrérie de la Trinité, établie depuis plus d'un siècle et demi dans l'église de Saint-Mathieu. Ce fut sans doute pour la rendre plus accessible aux habitants qui auraient voulu assister aux offices de l'église de Notre-Dame du Mur, qu'il marqua sa place aux plus prochains abords de la ville. Il cerna aussi de murailles un espace de sept cents journaux, non loin du château, pour lui servir de parc. Albert Le Grand, parlant du duc Jean IV, écrit : que ce prince aimait à prendre « le plaisir et le déduict de la chasse dans cet enclos rempli « de bêtes fauves. »

La paix dont avait joui la Bretagne jusqu'au règne du duc Jean III, fut troublée après sa mort survenue en 1341, par la guerre que soutinrent durant plus de vingt ans les deux prétendants à sa couronne. Charles de Blois, marié à la comtesse de Penthièvre, que le feu duc avait reconnu pour son héritière, conformément à l'usage des fiefs de ce pays, défendait avec l'ap-

---

(1) On peut voir dans une enquête de l'année 1235, rapportée aux preuves de l'HISTOIRE DE BRETAGNE, tom I, col. 887, que le domaine des comtes de Léon s'étendait depuis le cap Saint-Mahé, jusqu'à Lannion.

pui du roi de France, les droits de sa femme, fille du frère aîné
de Jean IV, contre le comte de Montfort, qui n'en était que le
frère puîné ; ce prince était soutenu par les Anglais. Notre pays
était devenu le théâtre des vieilles hostilités des deux peuples.
Morlaix et tout le pays qui l'entoure reconnaissaient l'autorité
de Charles de Blois et, s'il est vrai que le comte de Montfort
ou son fils en ait fait le siège, cette tentative demeura sans
résultat. Cette ville, en 1352, envoyait des députés aux Etats
de Dinan, pour aviser au paiement de la rançon de Charles de
Blois, fait prisonnier à la bataille de la Roche-Derrien. Quand
le sort de la bataille d'Auray eût rangé la Bretagne sous la loi
de Jean IV, Morlaix fit sa soumission ; mais demeura toujours
d'une foi suspecte au duc conquérant. Ses habitants, par un
sentiment commun à toute la Bretagne, étaient impatients de
la faveur exclusive dont les Anglais jouissaient près de ce
prince et de la défiance qu'il montrait pour ses sujets. Elle
était entretenue par l'empressement avec lequel des Bretons
servaient la France sous leur compatriote le connétable
Du Guesclin. Dans une guerre qu'il faisait au roi Charles V, le
duc Jean IV avait imaginé de mettre une garnison anglaise à
Morlaix, en 1373. Des troupes françaises qui traversaient la
Basse-Bretagne, se joignirent à la noblesse du pays et aux habitants pour débarrasser la ville de ces étrangers. Ils furent
assiégés dans le château ; les uns furent tués, les autres furent
contraints de capituler. Mais le duc, qui alors était allé solli-
citer de nouveaux secours en Angleterre, ne tarda pas à débarquer au pays de Léon à la tête d'une armée considérable.
A son arrivée, les Morlaisiens dégondèrent les portes de leur
ville en signe de soumission et s'avancèrent au devant du prince
en demandant grâce. Jean IV, avant de faire aucune réponse,
exigea que cinquante des coupables fussent remis en ses
mains. Il épargna la ville ; mais tous les habitants qui lui
avaient été livrés furent mis à mort. Jean IV, qui pour ne pas
entrer en ville s'était logé au château de Cuburien, partit
aussitôt, laissant dans Morlaix une garnison de huit cents
hommes. Les Morlaisiens, pendant que le duc était en voyage,
appelèrent encore les mêmes secours et expulsèrent leurs
gardiens. Bien heureusement pour eux, ce prince ne trouva pas
le loisir de mettre à exécution la vengeance dont ils étaient
menacés.

L'activité commerciale de cette ville n'était pas au-dessous
de son énergie dans les affaires publiques. Sa prospérité s'ac-
crut sous les règnes plus paisibles de Jean V et de ses successeurs. Anne de Bretagne s'était remariée à Louis XII.
Lorsqu'elle passa à Morlaix en se rendant d'un pèlerinage au
Folgoët vers celui de Saint-Jean-du-Doigt, elle fut reçue avec

les plus vives démonstrations de joie ; c'était en l'année 1505. François Ier dans le cours d'un voyage en Bretagne , dont on ignore les motifs, visitait aussi la ville de Morlaix, en 1518.

L'alliance de ce prince avec Henry VIII d'Angleterre, quoique solennellement renouvelée dans leur fameuse entrevue du *Champ du drap d'or*, fut bientôt rompue par une ligue offensive du monarque anglais avec Charles-Quint , en 1522. Leurs forces maritimes combinées mettaient à la voile dans l'été de la même année, sous les ordres du grand amiral d'Angleterre. Cette flotte de cent huit forts navires, après avoir ravagé les côtes de Normandie et pillé Cherbourg, paraissait près de l'embouchure de la rivière de Morlaix dans les derniers jours de juin, avec le dessein de faire un gros butin dans cette ville. Par une singulière coïncidence, en même temps que la noblesse du pays se rendait à Guingamp pour une revue que devait passer, à l'occasion de la guerre, le comte de Laval, lieutenant général en Bretagne , les négociants de Morlaix partaient pour la foire de Noyal-Pontivy. C'était le grand marché des toiles dites *noyales*, dont ce port faisait de grosses expéditions. Informé de ces circonstances par un traître du nom de *La Trigle*, qui n'était pas capitaine de la ville , comme l'a écrit Albert Le Grand, mais qui pouvait bien y avoir alors commandé, comme lieutenant, l'amiral comte de Surrey changea son projet d'attaque en un projet de surprise. Les Anglais, débarqués dans la rade, le 3 juillet , s'acheminèrent par petites bandes ; les uns déguisés en paysans , et les autres en marchands, se glissèrent dans la ville et dans les faubourgs, tandis que d'autres se cachaient dans un bois; sans que les habitants eussent la moindre défiance , jusqu'à ce que réveillés par l'ouverture des portes et l'entrée bruyante des Anglais, au milieu de la nuit , ils se jetèrent dans la campagne. Le pillage fut complet ; les églises elles-mêmes ne furent pas épargnées. « Deux seules « personnes, écrit Albert Le Grand, se mirent en défense , le « recteur de Ploujean , chapelain de Notre-Dame du Mur, « lequel ayant levé le pont de la porte de Notre-Dame , monta « dans la tour, d'où à coups de mousquet il versa en la pou- « dre (la poussière), les plus eschauffés ; mais enfin il fut miré « et tiré. Et une chambrière de la Grande-Rue qui voyant « que tout le monde du logis s'estoit sauvé à la fuite, amassa « quelques autres filles de la rue en la maison et ayant ouvert « l'escoutille ou trape de la cave qui estoit à l'entrée de la « porte, en dedans, de sorte que les ennemis entrant en foule « tombèrent dans la cave où ils se noyèrent au nombre de « plus de 80. Enfin , la maison fut forcée et la généreuse fille « qui, avec ses compagnes , s'estoit retirée et enfermée au « sommet du logis, poursuivie par les soldats, fut prise et jettée

« du haut en bas sur le pavé. » La patache que les Anglais avait dépêchée pour recevoir le butin ne put arriver au port. Le chenal avait été barré au moyen des arbres coupés dans l'avenue du couvent des Cordeliers de Cuburien qui avaient été jetés dans la rivière. Les Anglais partirent à temps pour ne pas rencontrer le comte de Laval qui arrivait au secours, après avoir mis le feu à la ville, emmenant avec eux les habitants sur lesquels ils avaient pu mettre la main, et dont ils attendaient une forte rançon. Mais six à sept cents traînards qui s'étaient attardés à faire bonne chère aux celliers du Quai de Tréguier, dit notre auteur, furent taillés en pièces près de la fontaine du Stivel, aux abords de la ville. Cette fontaine s'est appelée depuis la *Fontaine des Anglais.* On dit que les captifs restèrent plusieurs années en Angleterre, et que la ville demeura sous le coup de cette catastrophe pendant dix ans.

Depuis lors, en temps de guerre maritime, les Morlaisiens surveillèrent le cours de leur rivière. Sous leur conduite, les paroissiens de Saint-Mathieu, de Saint-Melaine et les habitants des paroisses riveraines se relevaient dans un poste établi à la pointe de *Bec-ar-Menez* ; celle de *Penalan*, sur l'autre rive, était soumise à la même garde par les habitants de Saint-Martin et autres de la même rive. On cherchait un mode de défense plus efficace et moins assujettissant. Le prieur des Dominicains en donna un projet qui finit par être accueilli. Ce prieur, du nom de Nicolas Trocler, proposait de fortifier un îlot rocheux de la rade qui commande si complètement les deux passes de la rivière que ses feux pouvaient aisément en fermer l'accès. La ville demanda l'autorisation de construire ce château. Elle lui fut accordée après une enquête sérieuse, aux conditions qui suivent. Les Morlaisiens devaient faire la dépense de cet établissement, faire choix du capitaine et de la garnison, l'entretenir, payer les gages du chef et de sa troupe, et se couvrir par l'abandon que le roi faisait des devoirs, aides, impôts et billot de la ville, ce qui fut accepté avec empressement. Au bout de deux ans, le 3 juillet 1544, jour anniversaire de la surprise de Morlaix, Jean de Kermellec prenait possession du *Château du Taureau*, comme capitaine avec une garnison de vingt-trois soldats, choisis dans les jeunes gens de familles notables du pays, un trompette, un canonnier et un aumônier. Dix ans après, on complétait l'organisation du personnel par l'adjonction d'un lieutenant, d'un enseigne, d'un portier et même de trois *dogues.* On voit que Saint-Malo n'était pas la seule place qui comptât des chiens parmi ses défenseurs. La paie du capitaine était de deux cents livres, celle des soldats de soixante. La première somme représenterait en valeur actuelle cinq mille francs; la seconde douze cents environ. Si ce n'est pas à l'établissement du Château du Taureau, c'est au moins à la surprise de Morlaix que se rapporte la devise héraldique de ses armes dont la pièce principale est un navire. Cette devise est un jeu de mots sur son nom : *S'ils te mordent, mord les.*

Morlaix, en 1548, voyait entrer dans ses murs la jeune reine d'Ecosse, Marie Stuart, qui venait de débarquer à Roscoff et allait épouser le Dauphin, depuis François II, avec lequel elle ne régna en France que peu de mois. Au moment de son entrée le pont de la porte Notre-Dame (1) s'écroula sous la marche de son escorte. Elle craignit qu'on en voulut à sa vie, ce fut alors que le sire de Rohan, en la rassurant, lui dit ces paroles souvent citées : *Jamais Breton ne fit trahison.* Quelques années plus tard la ville reçut une nouvelle organisation municipale, semblable à celle de plusieurs grandes villes de France. Nantes avait obtenu ce privilége, en 1560, deux ans avant celle de Morlaix. Il ne fut octroyé à Rennes et à Brest que trente ans plus tard ; ce qui peut donner l'idée de l'importance qu'on reconnaissait alors à la ville de Morlaix. Jusque-là le procureur ou syndic des bourgeois, qui prit alors le titre de maire, n'avait aucune juridiction de police. Le maire devant être assisté dans son service par des échevins, également élus par les habitants. Charles IX accorda aussi, en 1566, à la ville la faculté d'avoir une juridiction consulaire ou commerciale. Les juges étaient élus par les principaux négociants.

Le corps municipal à qui il appartenait de nommer le capitaine du Château du Taureau, avait jusqu'en 1562, porté ses choix sur les habitants de la ville, qu'il jugeait les plus propres à exercer cet emploi. Il avait été, depuis l'origine, confié successivement à Jean de Kermellec et à Guillaume des Fontaines, qui était en même temps sénéchal, à Guillaume Quemener, Vincent Nouël, Richard Nicolas et Vincent Lezay. Elevé à une plus haute dignité par son nouveau régime, le conseil résolut de faire de cette capitainerie un attribut de l'office des maires de Morlaix. Il fut résolu en conséquence que chaque maire sortant après son service, qui n'était qu'annal, serait investi, pendant l'année suivante, de ce petit commandement. Nous avons eu occasion en parlant de la surprise de Morlaix de dire que cette ville avait un capitaine. Tout ce qui regardait le service militaire se faisait sous son autorité. Le sénéchal et lui nommés par le prince, étaient les représentants de la puissance souveraine ; ils occupaient le premier rang dans les délibé-

---

(1) Cette porte Notre-Dame n'était pas celle de Notre-Dame-du-Mur, mais celle d'une autre chapelle située au-dessous de la ville close.

rations municipales. La capitainerie de Morlaix fut érigée en titre de gouvernement en 1568 ; Troïlus du Mesgouez, marquis de la Roche, en faveur de qui cette création avait eu lieu, en induisit qu'elle lui conférait des droits plus considérables que ceux qu'il avait eus jusqu'alors ; il voulut donner des ordres au Château du Taureau et en nommer le capitaine. Malgré la haute protection que lui accordait Catherine de Médicis, mère du roi, il échoua dans ses prétentions.

Nous sommes maintenant en présence des évènements du temps de la Ligue, à Morlaix. Nous devons commencer par dire quelque chose de la situation du pays à l'époque que nous abordons. La Basse-Bretagne s'était peu occupée des querelles de religion jusqu'en 1589. Mais l'assassinat d'Henry III qui appelait à la couronne un prince Huguenot, y causa de vives alarmes pour le sort de la foi catholique. La Ligue laissait en suspens la question d'Hérédité. Elle avait proclamé le vieux cardinal de Bourbon, oncle d'Henry IV, et s'était fait beaucoup de partisans. En 1591, Brest était la seule ville de ce pays qui fût soumise à l'autorité de Henry IV, et il n'y avait pas alors longtemps qu'elle avait été enlevée aux Ligueurs. Cette faction trouvait un appui considérable dans le gouverneur de Bretagne, qui était de la maison de Lorraine, et qui, héritier par sa femme, des prétentions de la maison de Penthièvre sur la Bretagne, ne cherchait qu'une occasion pour les faire valoir. Mais l'état des choses avait beaucoup changé depuis que le roi, devenu maître de Paris, était rentré dans le sein de l'Eglise. L'année suivante, le maréchal d'Aumont, l'un des plus renommés capitaines de ce temps, recevait la mission de mettre fin à la guerre civile mêlée de brigandages, qui désolait la Bretagne. Le parti de la Ligue était puissant à Morlaix ; mais les hommes sages, qui tendaient à s'en éloigner, devenaient de plus en plus nombreux. Le maréchal, parti de Tréguier pour se rendre dans cette ville, trouva en route ses députés, qui, à l'insu du gouverneur, venaient le prier d'y faire son entrée, en lui proposant des articles de capitulation qu'il se hâta d'accepter. Son arrivée imprévue ne laissa au sire de Carné Rosampoul, ligueur déterminé, que le temps de se jeter dans le château, avec soixante gentilshommes du pays qui furent bientôt renforcés de cinq cents soldats de Mercœur. S'il eût pu tenir plus longtemps, une bataille eût été livrée sous les murs de la ville, car Mercœur n'en était plus qu'à quelques lieues avec sa troupe et un corps d'Espagnols. D'Aumont venait d'être rejoint par un corps d'Anglais. Mais la disette était au château ; il fallut se rendre. Pendant que les assiégés en supportaient les privations, le maréchal avait galamment envoyé un mouton et du gibier à l'adresse de la dame de Rosampoul, qui avait voulu subir avec son mari les épreuves du siége.

L'un des articles de la capitulation portait que la ville garderait ses priviléges anciens sur le Château du Taureau. Il eût été très-impolitique au maréchal de repousser cette disposition ; mais, pendant les vingt-quatre jours de la durée de ce siége, il dut s'apercevoir que son exécution prochaine était pleine de périls. Ce Château du Taureau, remis aux mains d'un ancien maire ligueur, pouvait devenir une citadelle pour cette faction et tomber au pouvoir des Espagnols. On aurait pu voir le Château du Taureau comme le château de Primel, sur la même rivière, occupé par La Fontenelle, ou tomber aux mains des étrangers. D'Aumont, fit appel au patriotisme du capitaine de cette place, en lui demandant au nom de la paix publique, de se maintenir dans son commandement envers et contre tous, jusqu'à ce qu'il eût reçu d'Henry IV l'avis de se retirer. L'ancien maire, qui exerçait cet emploi, était Guillaume du Plessis de Kerangoff, ancien ligueur, mais qui avait compris qu'il n'y avait plus qu'à se rattacher au roi légitime. Quand son successeur vint pour occuper le fort, il lui en refusa l'entrée. La ville s'étonna de cette violation de ses droits et ne voulut plus payer les gages du capitaine. Du Plessis l'y contraignît en mettant arrêt sur le passage des navires. Elle recourut à l'autorité du conseil privé du roi. Ses requêtes furent traînées en longueur par des réponses dilatoires ou évasives, si bien que le capitaine du Plessis, dont la famille subsiste encore dans le pays, ne reçut l'autorisation de se retirer qu'au bout de dix ans. Il remit le château au maire sortant qui s'appelait Maurice de Kerret. C'était en l'année 1604. Sans doute l'histoire doit dater la fin des évènements de la Ligue en Bretagne, de la reddition de Nantes que Mercœur tint en son pouvoir jusqu'en 1598 ; mais le calme ne se fit pas partout aussitôt. Malgré les soins d'Henry IV pour empêcher tout mouvement de réaction, du Plessis en butte à la commune qui lui demandait compte de la prolongation de son commandement et réclamait de fortes condamnations pécuniaires, exhiba alors les ordres du roi. Il justifia en même temps qu'il avait été forcé de faire de grosses avances pour le maintien du service de la place. On dût lui payer huit mille écus, malgré l'état des finances de la ville qui s'était fort endettée pendant que son administration était dominée par le parti de la Ligue.

Les élections municipales de l'année 1641 furent mêlés de brigues ; on ambitionnait la mairie en vue de la capitainerie du château du Taureau. Ce privilège fut suspendu ; le roi nomma un officier à ce commandement. La ville envoya une députation à la cour. Elle obtint de Richelieu sa réintégration dans ses prérogatives. Rien n'était moins conforme aux idées monarchiques que l'abandon d'une place de guerre à l'autorité municipale; mais c'était un privilége unique, et qui par suite ne pouvait tirer à conséquence. Ce fut le renouvellement des mêmes agitatious qui y mit fin. Louis XIV confia le château pendant trois ans à un officier de ses gardes, qui eut pour successeurs deux maréchaux de camp et un lieutenant général de la maison de Goesbriant. Yvon de Goesbriant, un de leurs auteurs, avait été capitaine de Morlaix en 1558; enfin M. de Saulx-Tavannes lieutenant-général, était gouverneur de ce château au moment de la Révolution. En supprimant le privilége des Morlaisiens, le roi avait pris à sa charge les dépenses d'entretien du fort et de la garnison et avait érigé cette capitainerie en titre de gouvernement. C'est ce qui était arrivé depuis longtemps pour beaucoup des anciennes villes closes qui avaient eu des capitaines et que leur éloignement des frontières ne permettait plus de classer dans les places de guerre; elles avaient des gouverneurs qui y recevaient les premiers honneurs quand ils y résidaient, et participaient à leurs délibérations et à leurs affaires importantes. Elles payaient aussi les émoluments attachés à leur charge, ce qui était une manière de traitement qu'on donnait aux officiers généraux. La ville soldait ainsi les gages des gouverneurs de Morlaix et du château du Taureau. Le service du château du Taureau était confié à quelque ancien capitaine, comme retraite. Son dernier lieutenant de roi était M. de la Villemarqué, aïeul du collecteur des *Chants populaires de la Bretagne*, notre confrère, que nous sommes heureux de voir au milieu de nous.

Le procureur général de La Chalotais fut enfermé avec son fils au château du Taureau, en 1765, pendant qu'on instruisait le procès intenté contre lui à l'occasion de l'opposition que le Parlement de Bretagne avait faite pour la défense des priviléges de la Bretagne. D'autres détenus politiques y furent enfermés plus tard, si l'on peut donner ce nom aux auteurs des attentats révolutionnaires; tels étaient Romme, Soubrany et Bourbotte impliqués dans l'insurrection de 1795, entreprise pour rétablir le régime de la Terreur. Ces temps derniers Blanqui et d'autres y étaient prisonniers pour des faits de même nature.

La puissance royale qui dominait partout ne laissait plus aux villes que la gestion des intérêts municipaux. Elles n'ont plus de rôle dans l'histoire. Les évènements de la ville de Morlaix se réduisent à peu près à des conflits de juridiction ou de préséance entre les autorités. Mais il nous reste à faire connaître ses antiquités monumentales, au premier rang desquelles se plaçait la belle église de Notre-Dame-du-Mur, bâtie, comme on l'a dit, par Jean II en 1295, et terminée par le clocher qu'y éleva Jean IV.

Cette antique chapelle du château ducal était en grande vénération, non-seulement dans la ville, mais dans tout le pays. C'était la gloire et l'objet de l'affection de ses habitants. Ils étaient fiers de son magnifique clocher. On le construisait pendant que les Morlaisiens chassaient leurs garnisons anglaises. L'église était déjà entrée dans l'enceinte de la ville. Lors de la seconde de ces attaques, on tirait de la plateforme de la tour sur ces étrangers. Le maréchal d'Aumont y avait aussi placé des canons pour le siége du château ; les habitants obtinrent qu'ils fussent mis ailleurs pour qu'on ne fît pas dommage au clocher.

La disposition de l'édifice était singulière. Trois rangs, chacun de cinq travées, le partageaient en quatre nefs. La première formait le collatéral du sud, la seconde la grande nef, la troisième le collatéral nord ; la quatrième se développait du côté de la ville close, en façon d'avant-corps. Son plan polygonal ressemblait assez à un demi ovale coupé en longueur. C'est dans cette espèce de vestibule que Jean IV avait élevé le beau portail d'entrée qui faisait la base de sa tour ; il pénétrait en fausse équerre jusqu'au collatéral voisin. On dit que ces bizarreries du monument disparaissaient dans son élégance générale. La tour percée de longues baies était couronnée d'une flèche avec ses quatre clochetons. L'église avait cent dix pieds de long, sa tour cent vingt pieds et la flèche cent vingt-huit pieds de haut. Beaucoup préféraient ce clocher à celui du Créïsker.

Notre-Dame-du-Mur était la patronne de la cité. Son église en était la basilique. On y fêtait toutes les solemnités publiques ; toutes les paroisses s'y rendaient pour la procession du Sacre ; le gouverneur, la sénéchaussée, le corps de ville y avaient leurs siéges. Cette église eut aussi le triste privilège de servir au culte de la déesse Raison, aux fêtes patriotiques de la Décade et autres, ainsi qu'aux mariages civiques. La Révolution n'avait conservé qu'une paroisse à la ville et l'avait établie dans l'église des Dominicains, où elle était desservie par le curé constitutionnel. Cependant le Conseil municipal entendait que la ville gardât la chapelle du Mur au moins comme monument. Elle l'avait achetée au prix de six mille six cents francs dans une adjudication nationale du 15 mai 1792. Comment arriva-t-il qu'elle fut détruite plus de cinq ans après le rétablissement du culte catholique ? Elle était alors aux mains d'un industriel qui l'avait acquise de la commune, en 1805, pour spéculer sur la vente de ses matériaux de démolition. Vainement un généreux citoyen, M. Le Denmat, offrait de l'acquérir pour la sauver. Aucune des mesures que la prudence ou la loi prescrivent dans l'intérêt de la sûreté publique ne fut prise pour prévenir la chute imminente de la tour, la seule partie que l'on voulût, dit-on, préserver. Privé des appuis qu'il trouvait dans les murs adjacents, ce magnifique clocher s'écroulait avec fracas au milieu de la journée du 28 mars 1806, en écrasant sous ses décombres les maisons voisines et ensevelissant huit personnes qu'ils atteignirent mortellement. L'insouciance de la commune ne s'explique pas, quoique son Conseil fût, dit-on alors, composé en grande partie d'hommes étrangers au pays; mais cette insouciance ne suffit pas pour rendre raison de tels procédés. Le malheur des temps avait développé un instinct destructeur des monuments religieux qui s'est étendu, dans ces temps derniers, à d'autres catégories d'édifices publics. A côté des causes de cette ruine qui nous sont connues, le génie du mal travaillait à détruire ce *temple de la superstition.* Tel fut le sort du monument qui faisait la gloire de cette ville.

L'église des Dominicains manque d'élévation. Elle n'a que le mérite d'appartenir au xiiie siècle. Les bâtiments conventuels dont elle est entourée sont anciens. On y voit de vieilles inscriptions. L'église sert à présent de magasin de fourrage pour la remonte ; les bâtiments du couvent sont devenus une caserne. Ici nous ne pouvous pas nous dispenser de rappeler que cette communauté comptait au xviie siècle un pieux et savant religieux, auteur des *Vies des Saints de la Bretagne.* Qui n'a entendu, dans notre pays, parler d'Albert le Grand ? Il était de la ville de Morlaix, où son nom s'est perpétué jusqu'à ce jour. Il peut aussi passer pour l'historiographe de sa patrie. On trouve détaillés dans la *Chronique des évéques de Saint-Pol et de Tréguier,* intercalée dans les *Vies des Saints de Bretagne* une masse de faits très-précieux pour l'histoire de la ville de Morlaix. La plus intéressante des églises paroissiales de Morlaix est celle de Saint-Melaine, construite au xve siècle. Celle de la paroisse de Saint-Mathieu ne mérite d'être mentionnée que pour sa tour de la fin du siècle suivant, dont la lourdeur massive fait contraste avec le style de la Renaissance qu'on a prétendu y employer. Construite dans le style moderne, dans les dernières années du xviiie siècle, l'église de Saint-Martin est loin d'être sans mérite ; sa tour achevée récemment, s'harmonise avec sa façade d'entrée. La fontaine dite des *Carmélites,* présente en ce genre de monument le type gothique le plus distingué et le plus pur qu'on puisse rencontrer dans notre Bretagne.

Nous avons parlé du château de Cuburien et du monastère du même nom. Ce château où nous avons vu Jean IV séjourner quand il vint châtier les Morlaisiens, en 1373, appartenait au vicomte de Léon avec la forêt du même nom, qui en était voisine. En 1458 Alain, vicomte de Léon et de Rohan, fonda près de ce château, qui est à une demie lieue de la ville, un Couvent

de Cordeliers que possèdent maintenant des religieuses Augus-
tines. L'Eglise en est élégante. Les familles considérables de la
bourgeoisie ou de la noblesse de Morlaix y avaient des empla-
cements de sépulture indiqués par de belles pierres tombales qui
formaient le pavé. On y retrouvait les noms et les armes des fa-
milles que l'histoire de Morlaix au XVe ou XVIe siècle remet sous
nos yeux S'il est vrai que ces pieuses dames, pour mieux assurer
la|netteté du balayage, aient fait repiquer ces pierres, nous au-
rions à regretter qu'elles aient fait si bon marché des vieux sou-
venirs du pays dont leur acquisition les avait rendu dépositaires.

Mais nous vivons à une époque ou le désir d'améliorer l'état
des édifices religieux conduit à des innovations telles que si ce
même goût avait régné dans les temps anciens nos Églises
présenteraient bien peu de souvénirs de l'antiquité qui sied si
bien aux monuments de ce genre.

La lecture de cet intéressant travail est accueillie par
l'assemblée avec d'unanimes marques d'approbation.

M. Audran propose de l'insérer *in-extenso* au procès-
verbal, afin que nos collègues absents puissent en prendre
connaissance.

Cette proposition est adoptée à l'unanimité.

M. de Blois demande si personne n'a d'observations à
présenter sur cette communication.'

M. Audran dit que le château du Taureau était une petite
Bastille où l'on ne se faisait pas faute d'enfermer les jeunes
gens de famille de ce pays dont l'inconduite était pour leurs
parents un sujet d'inquiétude.

M. de Blois répond qu'il n'a vu nulle part que le château
du Taureau fut un lieu de détention de ce genre, et qu'il
ne paraît pas qu'il ait servi de prison dans d'autres circonstances que celles qu'il a indiquées. —

M. Hersart de la Villemarqué, présent à la séance, remercie M. de Blois, du souvenir personnel qu'il lui a ac-
cordé en parlant du dernier lieutenant du roi du château
du Taureau. Il ajoute que M. Audran a eu raison de remarquer que cette citadelle recevait par fois des jeunes
gens qui, s'ils fussent restés libres ou s'ils eussent été
traités suivant la rigueur des lois, eussent fait le déshon-
neur de leur famille. Tel était, dit-il, un jeune homme aux
manières charmantes qui captivait l'intérêt de tous les visi-
teurs. On sollicitait pour lui la permission de faire une pro-

menade ou de passer quelques heures dans la ville un jour de carnaval. Mon grand-père, continue M. de la Ville-marqué, s'y refusait en excipant des ordres formels qui lui défendaient de laisser sortir son prisonnier. Les instances devenant pressantes, il ne trouva plus qu'un moyen de les repousser, ce fut d'exhiber sous promesse du secret le plus absolu, la lettre de cachet. Les sollicitations ne furent plus renouvelées ; on y lut que le jeune et intéressant détenu avait été le meurtrier ds sa mère.

M. de Blois revient sur le nom de la ville de Morlaix, qui se prononçait primitivement Montrelais. D'autres membres pensent que l'origine de ce nom doit passer pour suffisamment démontrée.

M. de Blois ajoute qu'il ne s'est pas arrêté dans son travail à l'étymologie qu'il a entendu donner du nom de Jarleau, qui est celui de la rivière passant à Morlaix, qui faisait le partage du diocèse de Léon et du diocèse de Tréguier, et qui servait également à délimiter le comté de Guingamp et celui de Léon. D'après cette étymologie, le nom viendrait du mot anglo-saxon Earl ou Jarl et voudrait dire que c'était la rivière des *comtes*.

Il soumet cette remarque aux observations de la Société.

M. Briot de la Mallerie dépose sur le bureau plusieurs médailles ou monnaies, qu'il prie la Société de vouloir bien agréer pour le Musée d'archéologie.

M. le président lui adresse les remerciements de la Société ; le prochain *Bulletin* contiendra le détail et la description des pièces qui viennent de lui être offertes.

La séance est levée à quatre heures.

Le Secrétaire,

V. DE MONTIFAULT.

ORDRE DU JOUR

Pour la séance du samedi 12 juillet, à 2 heures, dans une des salles du Musée d'Archéologie.

1° Nomination d'un vice-président de la Société, en remplacement de M. Roussin démissionnaire, (art. 2 du réglement.)

2° Restauration des tombeaux des évêques dans la cathédrale de Quimper.

3° Excursion archéologique à Briec et à Edern, par MM. P. Le Guay, Le Men et V. de Montifault.

Le Président de la Société,
A. DE BLOIS.

NOTA. MM. les Sociétaires qui voudraient payer leur cotisation, sont priés d'en adresser le montant (10 francs), à M. Faty, chef de bataillon en retraite, rue des Reguaires, n° 22, à Quimper.

Dons offerts au Musée départemental d'archéologie.

M. J. FRIELE, membre de la Société.

1° Une cuiller d'argent en partie dorée, richement travaillée et du poids de 36 grammes. A l'intérieur de la coupelle est le monogramme de Jésus IHS. On lit autour l'inscription suivante : POL ✛ ELINGSON.* SIDEUS EST ANIMUS NOBIS UDT *(sic)* CARMINA DICUNT. — Au-dessous le long du bord est la légende suivante en hollandais ou en allemand vulgaire : HUEM AND VERREMODT OS NOR GUDER MED OS DATUM. On lit sur le pied la date : A 1596.

2° Quatre monnaies d'argent de Christian IV, roi de Norwège des années 1608 et 1646.

3° Trois monnaies d'argent, six de billon et une de bronze des rois de Norwège, des années 1761, 1771, 1777, 1781, 1786 et 1801.

4° Deux monnaies d'argent de Gustave III, roi de Suède, des années 1777 et 1779.

5° Un thaler de Frédéric-Guillaume III, roi de Prusse, de 1802.

6° Une pièce d'argent de Frédéric-Auguste, électeur de Saxe de l'année 1797.

7° Une pièce d'argent d'Alexandre de Brandebourg, de 1783.

8° Un schilling de la ville de Hambourg, de 1738.

9° Une pièce d'argent de Ferdinand VI, roi d'Espagne, de 1747.

10° Deux pièces d'argent de Rudolphe II, archiduc d'Autriche (1579 et 1581).

11° Trois pièces d'argent de Frédéric-Guillaume et de Jean, ducs de Saxe (1591).

12° Deux pièces d'argent de Ferdinand II et de Léopold, archiducs d'Autriche (1621).

En tout vingt-sept pièces, dont vingt en argent du poids de 351 grammes.

M. BRIOT DE LA MALLÉRIE, membre de la Société.

1° Médaille en argent du pape Benoit XIV, de l'année 1755.

2° Très-belle médaille en argent du module d'une pièce de cinq francs, commémorative du mariage du dauphin (Louis XVI) et de Marie-Antoinette d'Autriche, en 1770.

3° Médaille en bronze frappée par l'armée en l'honneur du duc d'Orléans prince royal, en 1842.

4° Une médaille commémorative de la translation des reliques de Saint-Vincent-de-Paul, en 1830.

5° Un denier de Guingamp (1093-1136).

6° Un denier de Foulques d'Anjou (1109-1129).

7° Un double tournois de Louis XIII, de 1632.

8° Trois monnaies russes.

9° Une monnaie de l'empereur François V, d'Autriche.

10° Quatre monnaies Arabes.

11° Statuette en bronze du dieu Mars, de fabrique gauloise.

12° Débris d'amphores cinéraires, d'une forme différente de celle des amphores romaines. Une de ces amphores renfermait les fragments d'une épée en fer.

13° Molette à broyer le grain. Cette molette était accompagnée de deux meules gauloises, qui malheureusement ont été détruites.

14° Pierre à aiguiser.

15° Fusaïole ou peson de fuseau en terre cuite, de forme presque sphérique.

Ces derniers objets, depuis le n° 11, proviennent d'un

établissement gallo-romain, dont les vestiges se remarquent encore dans le voisinage du château de Kerlagattu, propriété de M. Briot, en la commune de Penhars.

Mᵐᵉ Dufourmentel.

Vase en terre du XVᵉ siècle, ayant la forme d'un pot à eau, et dont l'orifice est muni de trois becs disposés en trèfle. Ce vase a été trouvé dans une petite construction voûtée sous les remparts de la ville de Quimper, lorsque l'on a creusé, en 1870, les fondements de la maison de Mᵐᵉ Dufourmentel, à l'angle du Parc et de la rue Saint-François. Il y avait dans ce réduit un assez grand nombre d'autres vases qui ont presque tous été brisés.

M. le docteur Le Caer, membre de la Société.

1° Cinq petits bronzes romains des empereurs Gallien, Postume, Claude II, Aurelien et Maxence.

2° Un liard et un douzain d'Henri III, roi de France.

3° Un denier et six doubles tournois de Louis XIII.

4° Liard, pièce de six liards et quarts d'écu de Louis XIV.

5° Un louis d'argent de Louis XV (1720).

6° Quart de sou, sous, pièce de 12 deniers, et pièces de deux sous de Louis XVI.

7° Pièce de 18 deniers de la caisse métallique établie à Paris en 1792.

8° Sou, centime et pièce de cinq centimes de la République Française.

9° Sou des colonies françaises de Louis XV (1767), poinçonné des lettres R F (République française).

10° Un décime de Napoléon I, (N couronné 1814).

11° Un décime de Louis XVIII, (L couronné 1818).

12° Un Ave Maria, méreau du XVᵉ siècle.

13° Deux jetons à la *Galère*, du XVᵉ siècle présentant au droit un navire avec la légende : Volgue la galée de France ; et au revers, un écu en losange chargé de quatre fleurs de lys, avec la légende : Vive le bon roy de France.

14° Trois jetons allemands du XVIᵉ siècle.

15° Quatre jetons de cuivre de Louis XIV avec les légendes suivantes : 1° *Ex lilio lilia* ; 2° *Ex jactura lucrum* ; 3° *Veteres revocabit artes* ; 4° *Sua (sic) innixus virtuti quiescit.*

16° Trois jetons de Louis XV, avec les légendes : *Optimo principi* et *Felicitas publicas (sic)*.

17° Un jeton frappé en mémoire de Louis XVI, avec les légendes ; au droit *Lud. XVI rex Gall, defunctus;* au revers : *Sol regni abiit*, à l'exergue : *D. 21 Jan. 1793*.

18° Un jeton de Napoléon I, frappé le II frimaire an XIII, avec la légende *Honneur et patrie*.

16° Médaille commémorative du Pacte fédératif (14 juillet 1790).

20° Médaille frappée en l'honneur de l'Impératrice Joséphine représentant au droit, sa tête avec une double couronne, entourée de la légende Joséphine impératrice et reine. Au revers on lit : Joséphine Tascher de la Pagerie, née à la Martinique 1763 ; mariée au général Bonaparte 1796 ; morte 1814.

21° Médaille frappée en 1848 à l'occasion de la nomination de Louis Napoléon Bonaparte à la présidence de la République.

22° Médaille commémorative de la formation du gouvernement de la défense nationale (1871).

23° Un décime d'Honoré V, prince de Monaco (1838).

24° Une pièce de 10 centimes du grand duché de Luxembourg.

25° Une pièce de 5 centimes de Léopold premier roi des Belges.

26° Une pièce de 20 centimes du roi Jérôme Bonaparte (1810).

27° Une pièce de deux centimes de la République d'Haïti.

28° Dix-huit pièces de monnaie d'Angleterre, de Russie, d'Autriche, d'Allemagne, du canton de Berne, du Pérou, des Etats pontificaux, du canton de Genève, de Sardaigne, d'Espagne, du Chili, de la République Helvétique.

29° Deux pièces arabes.

30° Huit pièces turques.

31° Une pièce chinoise.

32° Trois vases en terre du XVe siècle, dont un seulement est intact, trouvés en 1870, sous les remparts de la ville de Quimper, avec le vase donné par Mme Dufourmentel, qui a été décrit plus haut.

M. Le Gall, horloger à Brest.

1° Une monnaie d'argent de Vespasien. — Imp. Cæsar, Vespasianus aug. Sa tête laurée à droite. — *Rev.* Pon. Max. Tr. P. Cos. VI. Femme à moitié nue assise à gauche tenant un rameau. (Frappée en l'an 75 de J.-C.)

2° Une monnaie d'argent de Trajan. — Imp. Trajano aug. ger. dac. p. m. tr. p. cos. VI. p. p. Son buste lauré à droite, avec le paludament. — *Rev.* s. p. q. r. optimo principi. Trois enseignes militaires. (Frappée entre les années 104 et 110 de J.-C.)

3° Deux monnaies d'argent d'Hadrien I. — Hadrianus aug. p. p. Sa tête laurée à droite. *Rev.* Cos. III. L'Équité debout à gauche tenant une balance et une corne d'abondance.

II. Hadrianus aug. Cos. III. p. p. Sa tete laurée à droite. *Rev.* Victoriæ aug. Victoire assise à gauche tenant une couronne et une palme.

4° Une monnaie d'argent de Faustine mère. — Diva Faustina. Son buste à droite. — *Rev.* Augusta. Vesta voilée assise à gauche tenant une couronne et une palme. D'après le donateur ces cinq monnaies auraient été trouvées en 1872 aux environs de Lesneven. C'est par l'intermédiaire de MM. Le Gall et Flagelle que le Musée a pu s'enrichir l'année dernière d'une fort belle monnaie gauloise en or trouvée dans la commune de Ploumoguer (Finistère).

M. Fougeray, membre de la Société.

1° Un grand bronze d'Antonin le Pieux provenant de Corseul : — Antoninus aug. pius p. p. tr. p. cos. IIII. Sa tête laurée à droite. — *Rev.* Liberalitas aug. v. S. C. La Libéralité debout à gauche, tenant une tessère et une corne d'abondance. (Frappée en 148 après J.-C.)

2° Un moyen bronze de Postume, même provenance.

3° Deux petits bronzes de Claude II, même provenance.

4° Un petit bronze de Constantin-le-Grand, même provenance.

5° Faïences anciennes de Loc-Maria-Quimper, (Fontaine, soupière, couvercles de soupières, pots de pharmacie, bouteilles, etc.)

(A suivre.)

SÉANCE DU 12 JUILLET 1873.

Présidence de M. A. de Blois.

Étaient présents : MM. Audran ; — de Blois ; — Bourassin ; — Donnard ; — Faty ; — Flagelle ; — Fougeray ; — Le Guay ; — Halléguen ; — Malen ; — Le Men ; — de Montifault ; — Moreau ; — Roussin.

L'ordre du jour appelle la nomination d'un vice-président de la Société, en remplacement de M. Roussin, démissionnaire.

M. le Président procède à l'élection ; mais la réunion étant peu nombreuse, on décide, sur la demande de M. Donnard, et de quelques autres membres, de laisser le scrutin ouvert jusqu'à la fin de la séance.

M. le Président invite ensuite M. Le Men à donner lecture de son travail sur la restauration des tombeaux des évêques dans la cathédrale.

M. Le Men regrette de ne pouvoir se rendre à l'invitation de M. le Président. Son état de santé s'étant fort peu amélioré depuis la dernière réunion, il n'a pu terminer son mémoire; il n'en sera du reste que plus complet, lorsqu'il lui sera possible d'en donner communication à la Société. En effet, le travail de restauration des tombeaux des évêques se poursuit encore aujourd'hui, et ne s'arrêtera, il l'espère bien, que lorsque cette œuvre de pieuse réparation sera complète.

Pour tenir lieu de cette notice qui figure à l'ordre du jour de la séance, M. Le Men donne lecture, avec l'assentiment de la réunion, d'un mémoire sur les noms bretons commençant par *Ab* ou *Ap*. Ce travail, qui paraîtra dans le prochain numéro de la *Revue Celtique,* actuellement sous presse, lui a été inspiré par une note que M. Renan envoya en 1867 au Congrès international de Saint-Brieuc, note dans laquelle ce savant s'efforçait d'établir que le nom d'Abelard était Breton, et voulait dire fils d'Alard (Ab-Alard, *filius Alardi*).

Les recherches entreprises par M. Le Men à un point de vue purement philologique, l'ont conduit à des résultats qui lui permettent de conclure que les Bretons qui colonisèrent la partie de la cité des Osismii représentée par l'ancien diocèse de Léon, étaient sortis du pays de Galles. Cette conclusion serait, à son avis conforme aux présomptions historiques.

5

Il est très-porté à croire, en effet, que la partie nord de l'Armorique, de l'Océan à la rivière du Couesnon, formant le territoire de la cité des *Osismii*, fut d'abord occupée par les *Dumnonii* de l'île de Bretagne, qui y fondèrent le royaume de *Domnonée*. Les *Cornavii* des bords de la Saverne s'établirent ensuite au-dessous des *Dumnonii*, dans le territoire de la cité des *Corisopites* ou *Curiosolites*, qui prit plus tard le nom de *Cornubia* (Cornouaille). Il est fort probable que ces derniers colonisèrent aussi la cité des *Veneti*. Ce ne serait que plus tard qu'une colonie d'émigrants partie de la Cambrie, serait venue s'implanter dans le pays déjà occupé par les *Dumnonii*, et y aurait fondé le comté et l'évêché de Léon. On se rendrait compte ainsi de la suprématie que les rois de la Domnonée exercèrent sur les comtes de Léon pendant une partie du VIe siècle, et on s'expliquerait pourquoi l'auteur de la *Vie de saint Paul Aurélien* donne encore le nom de Domnonée au territoire du comté de Léon, à une époque où les comtes de ce nom s'étaient rendus indépendants.

Incidemment M. Le Men déclare qu'il ne partage pas l'avis de quelques personnes qui frappées de la grande différence qui existe aujourd'hui entre le breton de Vannes et les autres dialectes bretons, ont cherché à l'expliquer par une différence d'origine. Il pense qu'au moyen-âge le breton de Vannes ne différait pas de celui de Cornouaille. C'est ce qui paraît résulter des noms de lieux anciens de cet évêché, seul moyen de comparaison dont nous puissions disposer. A son avis, la cause principale de l'altération du breton de Vannes a été le changement de l'accent tonique dans cet évêché. L'accent tonique breton, qui se place toujours sur la pénultième, n'existe plus dans le breton de Vannes ; on l'y a remplacé depuis longtemps par l'accent tonique français, et l'on peut aisément se figurer les ravages qu'une pareille substitution doit produire dans l'organisation des mots d'une langue.

Après la lecture de ce mémoire qui ne donne lieu à aucune observation, M. de Montifault, sur l'invitation de M. le Président, communique à l'Assemblée le récit d'une excursion archéologique qu'il a faite, au mois d'avril dernier, à Briec et à Edern, en compagnie de quelques autres membres de la Société.

Excursion Archéologique à Briec et à Édern par MM. Le Guay, Le Men et de Montifault.

Nous avons pensé que tout membre de la Société, dans ses promenades ou en faisant ses affaires, pouvait apporter un contingent utile à nos études en donnant un compte rendu succinct des localités qu'il aurait pu visiter et des renseignements qu'il aurait pu recueillir sur son parcours.

C'est dans ce but que nous prions tous les sociétaires de ne pas négliger, chaque fois que l'occasion s'en présentera, de recueillir des notes et d'en donner connaissance à nos réunions. Ces notes, plus ou moins complètes seront toujours un indice et pourront quelqu'insuffisantes qu'elles soient, servir de point de départ pour des études plus approfondies.

Nous nous exécuterons les premiers en priant nos collègues de nous suivre dans cette voie qui peut être féconde en résultats.

Vers la fin du mois de mars, M. Le Guay, l'un de nos collègues, fit connaître à M. Le Men et à moi l'existence d'une pierre à quatre auges, munie de tourillons que l'on supposait être une ancienne mesure, et qui à ce point de vue, offrait un véritable intérêt archéologique.

Notre président, M. de Blois, informé du fait, écrivit aussitôt à M, le comte de Hercé, propriétaire du château de Kéro-bézan en Briec, où était cette pierre, et obtint de lui qu'elle serait transportée au Musée.

M. Le Guay offrit sa voiture, et, le 2 Avril, nous partîmes MM. Le Guay père et fils, M. Le Men et moi pour aller voir cette pierre et avec l'intention de visiter les communes de Briec et d'Edern.

Je ne décrirai pas la route de Quimper à Chateaulin ; tout le monde la connaît; elle n'offre rien de particulier, si ce n'est ses sites ombragés et pittoresques, ses délicieux vallons, ses verdoyants côteaux, sur l'un des quels s'élève le manoir de *Coatbilly* où l'on remarque un escalier de pierre en spirale d'une hardiesse admirable, et dans l'intérieur duquel se lit ¡'inscription suivante en caractères gothiques :

lan : 1557. pierres : le minec : me : fit : faire.

A côté se trouve un écusson portant trois fusées rangées en fasce et accompagnées de six besants posés trois et trois.

Cette inscription est aussi bien conservée que si elle sortait des mains du sculpteur.

Les caractères sont en relief. Les fenêtres du manoir, avec des meneaux en forme de croix et surmontées d'accolades, ont aussi un certain caractère.

Arrivés à l'embranchement des routes de Brest et de Briec, nous nous engageons sur cette dernière.

Là, dès les premiers pas, par la largeur et la direction de la voie, nous reconnaissons que nous nous trouvons sur une voie très-antique et très-importante qui, selon toute probabilité est une voie romaine.

La route actuelle est construite sur cette ancienne voie dans la plus grande partie de son parcours. Elle la quitte à chaque instant par suite d'un grand nombre de rectifications anciennes ou modernes, mais alors on peut suivre, soit à droite soit à gauche de la route actuelle qui ne s'en écarte jamais bien longtemps, le tracé de l'ancienne voie.

Tout ce parcours, depuis l'embranchement jusqu'à Briec, nous a donc offert un intérêt constant.

A un kilomètre environ de l'embranchement se trouvent l'atelier d'un charron et celui d'un maréchal-ferrant, sur la gauche de la route.

Là, un chemin à gauche, et plus loin dans un bouquet de beaux arbres un clocher charmant, svelte, élancé, dentelé, dans une situation délicieuse.

Renseignements pris, c'est le clocher de la chapelle de Ste-Cécile, en Briec. Nous remettons au retour la visite de cette chapelle, si le temps nous le permet.

A cent mètres de la borne portant l'indication 10 kil. 600 m. nous trouvons appliqué dans le talus de la route à gauche, côté nord, un sommet de croix. Cette croix est pattée; d'un côté se trouve le Christ, de l'autre, au centre, une mâcle gravée en creux et au milieu un besant en relief, ou un écusson de fille en losange avec un besant.

Un peu plus loin, à droite dans le fossé sud, en face de la borne portant l'indication 11 kil. 600 m. se trouve une borne renversée, de forme cylindro-conique, portant en creux une inscription gravée qui semble être le mot EDERN. Les caractères très frustes sont fort anciens. Ils ont absolument la même forme que les caractères de l'inscription de la borne de *Vorganium* qui est dans la salle voisine. Cette borne n'avait pas plus de 75 à 80 centimètres hors de terre.

Bientôt, sur la gauche, nous apercevons un portail assez grandiose, et, derrière, une magnifique avenue plantée de 12 rangées de chênes, avenue de 500 mètres de longueur.

C'est l'entrée du château de Kérobézan que nous voyons dans le lointain et qui, de la route offre un aspect assez imposant.

Nous entrons dans l'avenue, mais si du dehors l'aspect est enchanteur, il s'en faut que ce sentiment d'admiration. persiste quand on a pénétré dans l'avenue. Ornières, fondrières, excavations dangereuses ; le cheval donne à plein collier, M. Le Guay et moi nous allègeons la voiture qui cependant gémit et qui dans une secousse violente perd un de ses écrous.

Nous arrivons sans autre accident au château. Nouveau désenchantement.

De loin c'est quelque chose et de près ce n'est rien

ou du moins ce n'est plus ce que nous pensions.

Kérobézan indique pourtant par ses ruines une résidence autrefois assez importante.

Des murs d'enceinte très épais flanqués de deux grosses tours, le tout bâti en schiste ardoisier et tombant en ruines : Dans l'enceinte une immense cour pavée : au fond un grand manoir sans autre caractère que des fenêtres à accolades : construction grossière et peu artistique.

A l'intérieure immenses cheminées sans ornements; escalier en spirale, très beau et très solide, conduisant au premier étage qui menace ruine. Là encore grandes cheminées sans sculptures et sans traces d'écussons. Voilà ce que nous relevons.

Vu par derrière, le manoir ne présente que des murs nus, quelques meurtrières bouchées, une grande porte à plein ceintre murée et la tourelle de l'escalier.

Nous franchissons une barrière au nord de la cour, et nous posons le pied sur la pierre à quatre anges, but déterminant de notre excursion.

Cette pierre est fort curieuse, un des tourillons a été abattu, et le bord de séparation de deux des auges a été enlevé de manière qu'elle pût servir d'escalier pour franchir la barrière.

Le fermier s'offre obligeamment à la transporter lui-même au Musée de Quimper. Elle est actuellement dans la salle où nous nous trouvons.

Nous traversons ensuite un vaste jardin enclos de murailles et nous arrivons à la petite chapelle particulière des seigneurs de Kérobézan.

Cette chapelle en ruines, sert aujourd'hui d'étable et renferme des instruments d'agriculture. Elle n'offre rien de remarquable : fenêtres à croisillons et à accolades, portes à accolades ; une autre porte est à plein ceintre, l'un de ses montants porte une date fruste, commençant par les chiffres 1 et 6.

La chapelle est donc du XVIIe siècle. Après lui avoir demandé s'il avait été fait dans les environs des trouvailles d'objets anciens, de sépultures, de tuiles romaines ou de constructions anciennes, questions auxquelles il répondit négativement, nous quittons l'obligeant fermier de Kérobézan et nous arrivons à Briec.

Le plan de l'église de Briec, offre l'aspect d'une croix latine, sa construction n'a rien de bien remarquable. Le porche ouest est surmonté d'une tour carrée et d'une flèche octogonale, comme la plupart de nos églises bretonnes. Elle offre tous les caractères des constructions du XVIIIe siècle.

A l'intérieur rien de remarquable, si ce n'est un vieux banc en bois hors de service. Ce banc est plus ancien que l'église. Il est à pieds tournés et divisé en stalles, qui sont séparées par des accoudoirs, dont quelques uns ont disparu. Cet objet de menuiserie doit dater du XVIIe siècle.

Dans le vaste cimetière qui entoure l'église, a l'angle sud-est, on remarque une croix ancienne à base triangulaire équilatérale, base composée de plusieurs marches ; cette base présente une face au nord. Sur cette face se trouve l'inscription suivante :

REQ : H ; I : GVICHO.

ET : KT : GORIOV : SA.

FAE : L : 1639.

La principale raison qui nous avait entraînés à Briec, était le désir de voir et de dessiner une croix extrêmement curieuse, qui se trouve dans l'intérieur du cimetière.

Cette croix est située au sud de la tour de l'église, au milieu de l'espace qui sépare le temple du mur d'enceinte du cimetière.

La hauteur totale du monument est de 2 m. 95 hors de terre.

Le fût est un monolithe de 2 m. 30 de hauteur, et de 33 centimètres de diamètre.

Les angles sont abattus presque jusqu'au sommet, de manière a former un prisme octogonal, composé de quatre grandes faces et de quatre petites, le tout surmonté d'un prisme quadrangulaire, les grandes faces ont une largeur de 0 m. 17, les petites de 0 m. 08.

Deux des grandes faces, celle de l'est et celle du nord, sont profondément gravées au trait.

La face est, présente l'image d'un grand glaive ou épée à deux mains, de 2 m. 30 de longueur. La pointe atteint presque le sommet du monolithe. Une partie de la poignée disparaît en terre;

La face nord présente aussi l'image d'un glaive, mais plus court, d'une longueur de 1 m. 50, et surmonté de deux cercles concentriques.

Les deux autres faces ouest et sud ne portent aucune trace de sculpture.

Ce monolithe si curieusement gravé semble fort ancien; il est surmonté d'une croix pattée, qui paraît plus moderne, et qui porte en relief sur la face est, la date 1656, et sur la face ouest, un écusson triangulaire, dans lequel on ne distingue aucune pièce héraldique.

Nous nous sommes enquis auprès des habitants de la commune, des objets qui auraient pu être trouvés, des indices d'anciennes sépultures ou d'anciennes constructions, on n'a rien pu nous indiquer.

Édern étant peu éloigné et pouvant offrir quelque intérêt, nous prenons la route d'Édern.

Nous arrivons bientôt un dépôt d'étalons, d'où nous apercevons une très-grande croix en pierre, élevée sur un socle quadrangulaire, composé de six marches et d'un haut soubassement.

Cette croix n'offre rien de bien particulier à nos observations.

Sur le soubassement, au couchant, se trouve un écusson chargé de trois objets ronds qui semblent être des besants.

Au nord on lit ; G : BRION.

Au midi : LAN : 1577.

Le tout en relief.

Nous arrivons à Édern. Son église est plus ancienne que celle de Briec.

Elle donne en plan un rectangle, terminé à l'est par une abside carrée. Elle se compose d'une nef et de deux bas côtés, séparés par six travées d'arcades ogivales. L'un des piliers, qui a survécu à la destruction d'un édifice antérieur, est évidemment bien plus ancien que le reste de l'église.

Il est entouré vers le milieu de sa hauteur, d'un anneau hexagonal, sur les faces duquel sont sculptés en relief trois fleurs de lys, des dents de scie ou chevrons, une feuille ou fleur allongée, un lièvre, un sanglier ou porc et un quatre-feuilles à lobes pointus. Les angles de l'hexagone sont formés par des têtes de bœuf et de bélier.

Un anneau de même forme existe à la hauteur du chapiteau, mais son ornementation ne consiste qu'en un enroulement de feuillages.

Les fenêtres sont à meneaux flamboyants. La maîtresse vître conserve de beaux restes de vitraux du XVIe siècle.

Dans le pilier du chœur, côté de l'Evangile, est encastré un socle, qui supporte une vierge. Sur ce socle on lit : P : Y : PEZRON en relief. C'est le commencement d'une inscription dont la suite est illisible.

L'église, sauf le pilier décrit plus haut, qui paraît remonter au XIIe siècle, est, par l'ensemble de son architecture, du milieu du XVIe siècle, comme le confirment les vitraux et une date gravée au-dessus du porche ouest.

Des deux côtés de ce porche, se trouvent deux lions passants affrontés, de grandeur naturelle, sculptés en haut relief.

La flèche, qui se termine par un dôme assez élégant, est du XVIIe siècle.

Dans le cimetière nous avons remarqué plusieurs lec'hs fendus en deux.

Les lec'hs sont de très-anciens monuments funèbres ou pierres tombales, qui remontent aux premiers siècles de l'ère chrétienne. Ils affectent ordinairement la forme d'un cône tronqué très-allongé ou d'une pyramide à huit pans.

Il y a environ dix ans, M. de Blois, M. l'abbé Postic et M. Le Men, nos collègues, avaient relevé dans ce cimetière la présence de deux auges en pierre, extrêmement massives, qui avaient été retirées de l'église, où elles étaient précédemment placées contre les murs.

C'étaient d'anciennes sépultures.

On est généralement porté à s'exagérer l'antiquité des auges en pierre servant de cercueils, et l'on s'imagine à tort qu'elles n'ont été employées que dans les temps les plus reculés.

Les deux auges d'Édern ne remontaient pourtant qu'au XVIe siècle.

Cela résulte d'une inscription taillée sur la paroi de l'une d'elles. Le mauvais état de l'inscription ne permettait pas de

la lire. On n'y distinguait que les mots : Saint-Édern, patron
de l'église, ce qui faisait penser aux habitants que c'était là le
tombeau du saint.

Quoi qu'il en soit, ces mots et les lettres isolées qu'il était
possible de reconnaître, se composaient de caractères
dont la forme indiquait clairement qu'ils avaient été tracés
au XVI° siècle.

Outre cette inscription, on remarquait aux extrémités des
deux auges des écussons portant trois roses, placées 2 et 1.

Nous avons vainement cherché ces auges ; il est probable
qu'elles ont subi le sort des lec'hs dont nous venons de parler,
et qu'elles ont servi à faire de nouvelles pierres tombales.

Nous avions hâte de reprendre la route de Quimper, espé-
rant avoir encore assez de jour pour visiter la chapelle de
Ste-Cécile que nous avions laissée le matin.

Nous marchons rapidement jusqu'à cette chapelle.

Le chemin qui y conduit de la route est très-pittoresque et
très-ombragé.

Il débouche sur un placitre planté de fort beaux hêtres au
milieu desquels s'élève la chapelle.

Le plan de cette chapelle offre la forme d'une croix latine.

Il y a deux portes, l'une à l'ouest sous le porche, l'autre
au midi. Le clocher est des plus sveltes et des plus gracieux.

En entrant par la porte sud nous trouvons à notre droite un
vieux bénitier qui semble plus ancien que l'église, mais qui
cependant ne porte aucun trait caractéristique qui puisse faire
reconnaître l'époque à laquelle il a été taillé.

En face de la porte sur le mur du Nord, se trouvent trois
peintures à fresque à teintes plates, dessinées avec du vert cru,
de l'ocre jaune et de l'ocre rouge.

Ces peintures représentent des arbres, des feuillages, des
cerfs et des loups ou des chiens. — C'est tout ce qu'il y a de
plus naïf. — des dessins comme ceux que l'on rencontre sur
les cahiers d'écoliers.

A droite, un peu plus loin que le bénitier se trouve une
crédence avec piscine.

Dans l'encoignure formée par le pilier qui sépare la nef du
chœur, on voit les traces d'un autel au-dessus duquel est une
peinture représentant saint-Hurlou, comme l'indique une inscription peinte en noir au-dessous du saint.

A gauche et faisant pendant se trouve un autre saint.

Séparant la nef du transept à une hauteur de 3 mètres environ on remarque la poutre symbolique portant le Christ crucifié, et, de chaque côté, la Vierge et Saint-Jean.

Cette poutre et les personnages gardent des traces de peintures.

La poutre symbolique existait autrefois dans toutes les églises.

Depuis, elle a été supprimée dans la plupart des églises paroissiales, et on ne la retrouve plus guères que dans quelques chapelles.

Le chœur composé de la tête et des deux bras de la croix, était éclairé par cinq fenêtres. Celle du nord est murée, celle du midi est aussi condamnée jusqu'au milieu de sa hauteur; la partie supérieure n'a que des vitres blanches.

Des trois de l'est, celle qui est au-dessus de l'autel de gauche est aussi murée, mais on distingue encore les meneaux qui sont du style gothique rayonnant.

Celle du maître autel est intacte, même style. Les vitraux chargés de personnages de grandeur demi-nature, sont en grande partie cachés par le maître autel. Ils semblent être de la fin du XVI⁰ siècle.

Enfin la fenêtre de droite surmonte l'autel de Sainte-Cécile, patronne de la chapelle, même style rayonnant. Les vitraux sont aussi du XVI⁰ siècle.

A gauche Sainte-Cécile regardant le Christ en Croix, d'un air inspiré, assise et jouant de l'orgue ; derrière le buffet d'orgues un page, coiffé d'un toquet à plume blanche, entr'ouvre une porte et regarde curieusement sainte Cécile ;

Dans un compartiment inférieur, sainte Cécile à genoux.

Au bas en légende se lit l'inscription suivante : COMENT S : CECILIA PRIOET. DIEV. AVA. LES I.... Là, l'inscription qui passait sur la partie droite du vitrail, est interrompue. Cette inscription formée d'un mélange de caractères gothique, et de lettres romaines, est évidemment de la fin du XVI⁰ siècle.

A droite le vitrail est brisé en bas au tiers de sa hauteur. — Le haut représente un pape et un chevalier à genoux tenant un missel dans lequel il lit le *Credo*.

Mentionnons encore auprès de la porte de la sacristie en face de l'autel de sainte Cécile une base et un fût de croix qui semblent assez anciens.

Déjà le jour commençait à baisser; en faisant le tour de l'E-
glise extérieurement, nous aperçûmes cependant à une grande
hauteur, au sommet du pignon nord du chœur une inscription
en relief qui paraît composée de lettres gothiques très-serrées;
mais que la distance et l'absence de lumière ne nous permirent
pas de déchiffrer.

Il fallait songer à la retraite et nous rentrâmes à Quimper
après une journée où nous ne sommes pas un instant restés
sans qu'un objet intéressant attirât notre attention. (1)

La lecture de ce récit est écoutée avec un vif intérêt.
et l'on décide qu'il sera inséré *in-extenso* dans le prochain
numéro du Bulletin de la Société.

M. Bourassin donne ensuite communication d'une note
sur des faits géologiques qui se seraient produits au commencement de l'ère chrétienne sur quelques points de
notre littoral.

« Il y a une trentaine d'années, dit M. Bourassin, plusieurs dunes de sables de l'anse de la Palue ou de Losmarc'h
en la commune de Crozon (Finistère), furent déplacées à
la suite d'une violente tempête, et mirent à découvert, au
milieu de fragments de tuiles à rebord et de tessons de
poterie de l'époque gallo-romaine, un grand nombre de
squelettes d'hommes, de femmes et d'enfants de tout âge,
régulièrement rangés les uns près des autres. Leurs bras
étaient étendus le long du corps, et leur tête reposait sur
une pierre plate. Il était évident que ce lieu avait été le
théâtre d'une catastrophe dans les premiers siècles de notre
ère, et plusieurs conjectures sur la cause de ce désastre,
furent mises en avant. Les uns l'attribuèrent à une maladie
contagieuse, d'autres à une descente de pirates sur ce
point de la côte, où les vestiges d'un établissement gallo-
romain sont encore bien visibles. Cependant aucun des
squelettes ne portait de traces de mutilation.

« Pour moi, je n'hésite pas à croire avec mon ami Durocher, ingénieur des mines à Rennes, que la catastrophe
dans laquelle périrent tant d'êtres humains, fut causée par

---

(1) A différents endroits de cette lecture, M. de Montifault s'est interrompu pour donner certaines explications plus détaillées et pour
faire passer les plans et les desseins des monuments et inscriptions
qu'il décrivait.

un tremblement de terre, qui eut lieu sur nos côtes vers la fin du IIIe siècle de l'ère chrétienne, et qui forma une grande partie des baies ou anses de cette partie de notre littoral. Ce tremblement de terre détruisit plusieurs villes ou villages dont les habitants furent engloutis dans les flots. La mer, en se retirant, laissa à découvert leurs cadavres, qui furent inhumés dans les sables.

« Si nous consultons les faits géologiques, nous remarquons sur divers points du littoral de la presqu'île de Crozon, un grand nombre de roches trachitiques, volcaniques, pyrogènes, dont l'apparition a été la cause du soulèvement du sol et par suite du tremblement de terre dont nous parlons,

« Ce qui me porte à placer à la fin du IIIe siècle de notre ère la catastrophe de l'anse de la Paluc, c'est qu'à l'époque où elle a eu lieu, la religion chrétienne n'était pas encore connue dans cette contrée. On n'a découvert, en effet, aucun emblème chrétien au milieu des squelettes qui y étaient inhumés.

« On a souvent parlé de la ville d'Is envahie par la mer, sans qu'il ait été possible de déterminer son emplacement. Ne pourrait-on pas attribuer sa destruction au tremblement de terre que je viens de mentionner, et ne pourrait-on pas en conclure quelle était située aux environs de Crozon, sur la baie de Douarnenez ? »

M. le Président remercie M. Bourassin de son intéressante communication. L'abaissement du sol sur plusieurs points du littoral du Finistère est un fait sur lequel ne peuvent laisser aucun doute l'existence de forêts sous-marines dans plusieurs de nos anses, et l'envahissement par les sables ou par la mer, de nombreux monuments gaulois ou gallo-romains. La géologie doit venir en aide à l'histoire, pour expliquer ces phénomènes, et il espère que M. Bourassin, qui a fait de la constitution de notre sol une étude approfondie, voudra bien développer dans un travail d'ensemble, tous les faits de nature à expliquer les modifications qui se sont produites dans la configuration de nos côtes depuis les temps historiques.

M. Le Men fait observer que si la catastrophe de l'anse de Losmarc'h doit être attribuée à un tremblement de terre, ce fait n'a pu se produire qu'à la fin du IV° siècle, au plus tôt, puisque le Musée départemental d'archéologie possède des monnaies des empereurs Valentinien et Gratien, provenant de cette localité.

L'ordre du jour étant épuisé, M. le Président fait observer à l'Assemblée que, si intéressante que puisse être la communication de mémoires faite en séance par un petit nombre de membres, il ne faut pas perdre de vue que le but principal que s'est imposé la Société archéologique du Finistère, est de faire connaître les richesses monumentales de ce département. C'est une tâche à laquelle doivent prendre part tous les Membres de la Société.

Une catégorie de monuments lui paraît devoir surtout fixer l'attention des travailleurs. Il veut parler des voies romaines du département dont le réseau n'est que très imparfaitement connu. Il pense que l'on pourrait s'occuper d'abord de l'étude des voies de l'ancienne Cornouaille.

MM. Halléguen, Flagelle, de Montifault et Le Men sont d'avis qu'il n'y a pas lieu d'établir de subdivisions dans cette étude. Par cette méthode, on n'obtiendrait le plus souvent que des tronçons de voies. Pour avoir la véritable physionomie du réseau des voies romaines dans notre pays, il convient d'embrasser dans une même étude l'ensemble des voies du département.

MM. Roussin, Fougeray et Le Guay demandent si les voies sont nombreuses dans le Finistère.

M. Le Men répond qu'à son avis, elles sont peut-être plus nombreuses que les routes actuellement en usage. Si elles sont aujourd'hui fort dégradées, c'est que le moyen-âge s'en est emparé, et n'a pas pris la peine ou n'a pas eu le temps de les entretenir dans l'état où il les avait trouvées.

M. Roussin voudrait savoir à quels caractères on peut reconnaître une voie romaine.

MM. Halléguen, Flagelle et Le Men répondent que parmi les caractères assez nombreux qui servent à les distinguer des chemins ordinaires, on peut indiquer les suivants : 1° la présence sur leurs bords de bornes milliaires ou de substructions gallo-romaines; 2° leur grande largeur; 3° leur direction vers des points aujourd'hui sans importance, et où se rencontrent souvent des vestiges romains; 4° l'existence des restes de chaussée pavée dans quelques parties de leur parcours.

M. Flagelle pense qu'outre les renseignements demandés pour l'étude des voies romaines, il importe que chacun fasse connaître tous les monuments celtiques, gallo-romains ou du moyen-âge qu'il a pu étudier, ou qui lui ont été signalés. On arriverait ainsi promptement à établir la statistique monumentale du département.

M. le docteur Halléguen dit que c'est précisément là le but que poursuit la Société. Il ajoute, et cet avis est partagé par tous les Membres présents, qu'il faudrait pointer sur la carte de l'Etat-major tous les monuments indiqués.

M. de Montifault veut bien se charger de cette opération.

M. Le Men fait observer que la carte de l'Etat-major est bien confuse; il pense que pour arriver à un résultat réellement utile et pratique, il serait préférable d'indiquer les monuments sur des calques des cartes cantonales du département.

MM. Halléguen, Flagelle, Audran, Le Guay, Fougeray, de Montifault et Donnard sont du même avis.

M. le docteur Halléguen met sous les yeux de l'assemblée un plan du château de Châteaulin, dans les ruines duquel il a fait des fouilles il y a quelques années.

M. le Président donne lecture du programme du prochain congrès de l'Association bretonne, qui doit avoir lieu à Quimper le 15 septembre prochain.

Il procède ensuite au dépouillement du scrutin pour l'élection d'un vice-président. M. le comte de Carné, de l'Académie française, ayant obtenu l'unanimité des suffrages, est nommé vice-président de la Société.

MM. Bourassin et Faty font hommage au Musée d'archéologie de monnaies et d'autres objets, qui seront mentionnés avec détails, dans un des prochains bulletins de la Société.

La séance est levée à quatre heures et demi.

Le Secrétaire : R. F. Le Men.

ORDRE DU JOUR.

Pour la séance du samedi 9 août, à 2 heures, dans une des salles du Musée d'archéologie.

1º Notice sur le château féodal de Châteaulin et sur son parc (avec plans), par M. le docteur Halléguen.

2° Statistique monumentale de diverses communes du Finistère, par M. FLAGELLE.

3° De Quimperlé au Pouldu, excursion archéologique, par M. AUDRAN.

NOTA. — MM. les Sociétaires sont priés de vouloir bien faire parvenir, le plus tôt possible, le montant de leur cotisation (10 francs), à M. FATY, chef de bataillon en retraite, rue des Reguaires, n° 22, à Quimper.

Dons offerts au Musée départemental d'Archéologie.

M. le docteur HALLÉGUEN, membre de la Société.

1. Hache en bronze à ailerons trouvée dans la commune de Spézet (Finistère), près d'un grand menhir.

2. Fragments de poterie gallo-romaine trouvés au village de Kervinic, en la commune de Lopérec (Finistère), près d'un camp romain.

3. Fragment d'une mosaïque servant de pavé à un édifice gallo-romain, dont les substructions existent dans le voisinage de la ville de Carhaix. — Dessin colorié de cette mosaïque.

4. Enduits colorés dont quelques-uns sont inscrustés de coquilles marines, provenant des environs de Carhaix.

5. Fragments de poterie fine et grossière, même provenance.

6. Fragments nombreux de carrelages en marbre, en pierre calcaire et en schiste ardoisier, même provenance.

7. Divers échantillons de béton dont quelques-uns proviennent de l'aqueduc gallo-romain de Carhaix.

8. Briques diverses pour construction, carrelage, piliers d'hypocauste de même provenance.

9. Tuiles a rebord et tuiles faitières dont plusieurs portent des marques de fabrique, même provenance.

10. Deux tuyaux de conduite d'eau, s'emboîtant l'un dans l'autre, trouvés dans les ruines d'une construction gallo-romaine voisine de Carhaix.

11. Valve d'huître, défense de sanglier et cristaux de quartz Hyalin de couleur violette, provenant aussi des ruines gallo-romaines de Carhaix.

12. Ossements humains trouvés dans une construction gallo-romaine située à Pentrez, en la commune de Saint-

Nic, et en partie détruite par la mer. — (Os du front ; — machoire supérieure et dents ; — fragment de la clavicule droite ; — fragment de l'humerus du bras gauche ; — fragment du fémur de la cuisse gauche.)

13 . Briques et fragments de tuiles romaines provenant pes localités suivantes toutes situées dans le département du Finistère :

Plouhinec (Poulgoazec) ; — Pont-Croix ; — Poullan (Porz-Malvez) ; — Ploaré (Kerru) ; — Douarnenez (Le Guet, l'Ile-Tristan) ; — Ploaré (Plomarc'h-ar-stang, Le Riz) ; — Plonévez-Porsay (Cariguellou ; Trezmallaouen ; Lanevrit ; Trefentec ; An Oguennou et Treguer, près Sainte-Anne-la-Palue) ; — Plomodiern (Goulit-ar-Guer ; anse de Porz-ar-Vag ; Pouloupry) ; — Saint-Nic (Pentrez) ; — Telgruc (Lizioc ; Pen-ar-c'haon ; Bern-bihan-ar-c'hall) ; — Crozon (Ile-L'Aber ; Kerromen ; Losmarc'h) ; — Bourg de Quéménéven ; — Bourg de Landévennec ; — Hanvec (Pencfars ; Kerohan) ; — Le Faou (Keranclan) ; — Saint Ségal (Le Drennit) ; — Quimerc'h (Botaniec ; Coat-ty-Beuz) ; — Quimperlé (cour du cloître de l'hôtel-de-ville ; place de Lovignon) ; — Clohars-Carnoët (Le Pouldu) ; — Place forte de Concarneau ; — Plomelin (Le Perennou) ; — Pont-l'Abbé ; — Rivière de Penzé, entre Morlaix et St-Pol.

14. Fragments de marbres calcinés ; débris de poterie ; fragments de scories ; pointes de javelots ; clefs anciennes ; ferrures de portes ; meule en granit ; le tout provenant des ruines du château de Châteaulin (Finistère).

Nota. — Les objets mentionnés ci-dessus ont été offerts par M. le docteur M. Halléguen à la Société archéologique du Finistère au mois d'octobre 1852, à une époque où le musée départemental n'existait encore qu'à l'état de projet. Ils ont été déposés dans un corridor des bâtiments du Collége, où ils sont demeurés pendant de longues années, sans que l'on en prit grand soin. Quand on les a tranférés dans un local mieux approprié à leur conservation, plusieurs de ces objets n'ont pu être retrouvés. De plus une grande confusion s'était établie entre eux par suite de la destruction des étiquettes qui indiquaient leur provenance. La nomenclature ci-dessus a été faite d'après un catalogue remis par le donateur à la société archéologique au mois de janvier 1853. *(A suivre.)*

SÉANCE DU 9 AOUT 1873.

Présidence de M. A. de Blois.

Etaient présents : MM. Audran ; — de Blois ; — Bourassin ; — Le docteur Coffec ; — Cormier, avocat ; — Faty ; — Fougeray ; — Prosper Le Guay ; — L'abbé Guillard ; — Louis de Jacquelot ; — Malen ; — Le Men ; — de Montifault ; — Stanislas Moreau.

Il est donné lecture par M. le Président, d'une lettre contenant des réclamations de M Halléguen sur le procès-verbal de la séance du 12 juillet dernier imprimé au Bulletin, M. Halléguen prétend :

1° Que l'analyse du travail philologique sur la langue bretonne communiqué dans cette séance par M. Le Men, n'est pas exacte en ce qu'on y trouve à la page 45 l'expression *« présomptions historiques »* au lieu des mots *« suppositions historiques »* qui seraient dans le texte lu.

2° Que l'analyse dont il s'agit n'aurait pas dû s'étendre aux inductions historiques que comprenait la même lecture.

3° Que le procès-verbal aurait du mentionnner, à la page 57, à la suite des observations de M. Le Men sur la multiplicité des voies romaines dans le Finistère, celle par laquelle M. Halléguen confirmant cette assertion, aurait ajouté qu'il avait été des premiers à faire cette constatation.

Cette réclamation devient l'objet d'une discussion dans laquelle M. Le Men, M. Audran et plusieurs autres membres sont entendus. Il en résulte que rien n'a été changé aux expression du texte lu, qui porte bien *« présomptions historiques ; »* que, suivant l'avis commun, l'analyse devait comprendre les inductions historiques dont M. Halléguen a critiqué l'insertion, et que les nécessités restreintes des procès-verbaux n'admettant pas que tout ce qui se dit aux séances s'y trouve référé, il n'y avait pas de motif pour ajouter à la remarque de M. Le Men sur les voies romaines, l'observation confirmative de M. Halléguen; prétérition qui n'implique aucune contestation du mérite de ses études.

En conséquence l'assemblée consultée déclare à l'unanimité, qu'il n'y a lieu à aucune rectification du procès-verbal.

MM. Louis DE JACQUELOT et CORMIER qui n'assistaient pas à la séance du 12 juillet, n'ont pas pris part au vote.

M. LE ROUX, membre du Conseil général, [M. DERMIER, principal du Collége et M. l'abbé Quéméneur, curé de Sainte-Croix de Quimperlé, demandent à faire partie de la Société archéologique. M. LE ROUX et M. Quéméneur sont présentés par MM. DE BLOIS et LE MEN, et M. DERMIER, par MM. FATY et DE MONTIFAULT.

Conformément à l'article 7 du règlement ces demandes seront portées à l'ordre du jour de la séance du 11 octobre.

M. le Président fait ensuite connaître à la réunion, qu'il vient d'avoir l'avis officiel que l'Association bretonne, avait obtenu du gouvernement l'autorisation sollicitée, de reprendre le cours de ses anciens travaux. Il demande à présenter quelques observations sur le Congrès qui se tiendra à Quimper, le 15 septembre prochain.

Messieurs, a dit M. le président, vous savez que l'Association bretonne ouvrira à Quimper son seizième Congrès dans le cours du mois prochain, et que le programme de sa classe d'Archéologie, dont j'aurai tout à l'heure à vous donner lecture comprend des questions monumentales et historiques toutes intéressantes pour nos études, et qu'il y en a notamment qui sont de notre domaine propre, c'est-à-dire qui portent sur les antiquités de ce département.

Vous entrerez volontiers, dans le vœu que je vous exprime de coopérer aux travaux de la classe d'Archéologie de cette Association qui sera elle-même heureuse de cette collaboration. En échange des lumières que vous lui apporterez, vous aurez à profiter de celles des autres archéologues de la Bretagne qui y siégeront avec vous. Je puis notamment vous annoncer le concours de MM. de Kerdrel de la Borderie et de la Monneraye.

Autrefois, c'est-à-dire avant que le gouvernement impérial eut suspendu les Congrès de l'Association bretonne, les membres de cette Société faisaient tous partie de l'Association bretonne. Ils lui versaient toutes leurs cotisations, cotisations que nous employons aujourd'hui à solder nos publications mensuelles. Il suit de là que, comme membres de la Société départementale du Finistère, nous ne faisons plus

partie de l'Association bretonne, et que pour y être aggré-
gés nous devons nous y inscrire et acquitter sa coîisation
archéologique qui est de dix francs, ce qui donnera à ceux
qui auront pris rang, le droit de recevoir le compte-rendu
de ses séances archéologiques, tant qu'ils appartiendront à
ses rangs.

Permettez-moi, maintenant, ajoute M. le Président de
passer en revue, avec vous, les questions du programme
qui seront faites dans la même classe ; les unes concernent
l'Archéologie proprement dite, les autres touchent particu-
lièrement à l'histoire.

Ici, M. le Président, en donnant lecture des vingt-trois
questions du même programme, que nous publions à la suite
de ce procès-verbal, s'arrête spécialement à celles qui se
rapportent, soit aux monuments antiques, soit à l'histoire
locale de notre département, et constate que ce congrès
devra apporter de nouveaux et précieux éléments à la science,
notamment à l'étude de la géographie historique. Il espère
que divers membres de la Société d'Archéologie du Finistère, prendront une part active à ces débats, et que son
honorable vice-président, M. le comte de Carné, ne demeu-
rera pas étranger à ces discussions.

Après ces observations de M. le Président, lecture est
donnée de l'ordre du jour de la séance. MM. FLAGELLE et
HALLÉGUEN étant absents, M. le Président invite M. AUDRAN
à lire son travail sur les antiquités des environs de Quimperlé, M. AUDRAN s'exprime ainsi :

LA RIVE DROITE DE LA LAITA

(Excursion archéologique de Quimperlé au Pouldu).

. . . .
. . . .

Le viaduc du chemin de fer est à peine passé, et sur notre
droite nous apercevons l'élégante tourelle de Québlen. Ar-
rêtons-nous un instant, et de la terrasse du jardin, jetons un
coup d'œil sur la route que nous venons de parcourir. A nos
pieds coule la rivière, bordée d'un côté par de vertes prai-
ries, et de l'autre par les collines boisées de la taille au Duc,
sur lesquelles nous reviendrons bientôt, de la Villeneuve et

de Penerven, qui s'étendent jusqu'à Saint-David, dominant l'ancienne abbaye des Dominicains ou Jacobins fondée en 1254 par Blanche de Navarre, duchesse de Bretagne, et dont je vous raconterai un autre jour l'histoire. Dans le fond, l'abbaye de Sainte-Croix, dont l'histoire écrite au XVIIe siècle par Dom le Duc, religieux de ce monastère, est actuellement publiée par les soins de M. Le Men, secrétaire de notre Société. A gauche, le bois de l'abbaye qui fut, dans les deux derniers siècles, le sujet de longs et nombreux procès entre les seigneurs de Québlen et les abbés de Quimperlé.

Le manoir de Québlen, construction des XVIe et XVIIe siècles, appartenait, en 1422, à Robin de Québlen ; en 1485, à Henri de Québlen ; en 1495, à Yvon de Québlen, son fils. Jehan de Québlen, archer en brigandine, représente Henri de Québlen à la montre des nobles de l'évêché de Cornouailles de 1481.

Le manoir de Québlen est devenu, vers la fin du XVIIe siècle, la propriété de la famille Bréart de Boisanger, qui le possède encore aujourd'hui.

Près du manoir de Québlen, nous trouvons la métairie de Coz-Castel *(vieux château)*. Son nom et sa position sur un promontoire élevé, semblent indiquer l'ancienne demeure des seigneurs de Québlen. On y remarque les traces d'une enceinte carrée à angles arrondis, de 30 mètres de côté, dans l'intérieur de laquelle les reliefs du terrain marquent l'emplacement des logements et du donjon.

Entre le manoir de Québlen et la forêt de Clohars-Carnoët est le bourg, autrefois paroissial, de Lothea *(Sancti Tajaci)*. Il comprend seulement quelques maisons ; et l'église, modeste construction de la fin du XVIIe siècle, à un seul bas côté, n'offre rien de remarquable. C'est dans la paroisse de Lothea que se trouve le manoir de Beaubois, où naquit, en 1693, Dom Hyacinthe Morice du Beaubois, religieux bénédictin et auteur d'une histoire de Bretagne.

A quelques pas de Lothea, nous entrons dans la forêt domaniale de Carnoët, située partie dans la commune de Quimperlé et partie dans celle de Clohars-Carnoët à laquelle elle donne son second nom. Un peu sur notre droite, au lieu dit *Toulfouën* se tient chaque année, le lundi de la Pentecôte, une assemblée connue sous le nom de *Pardon des Oiseaux*.

Quelques débris de tuiles à rebords trouvés à Toulfouën peuvent faire supposer que les Romains y ont eu un établissement, mais rien n'est venu confirmer cette supposition, et le long de la rivière de Quimperlé, il n'y a d'établissement romain de reconnu que celui du Pouldu, dont nous parlerons plus bas, et celui de Trévoazec sur la rive gauche. Là, en opérant des défrichements, M. Quilliou a retrouvé il y a quelques années, une grande quantité de tuiles à rebords, au milieu des substructions assez importantes dont l'examen ne pouvait laisser aucun doute sur leur origine gallo-romaine.

Dirigeons-nous maintenant vers l'ancien château de Carnoët (Caër-an-coët) *castellum nemoris*. Avant d'y arriver nous passons près d'un tumulus ouvert en 1842 par les soins de M. Boutarel, inspecteur des forêts. Les objets précieux qui ont été retirés du dolmen que renfermait ce tumulus, sont aujourd'hui déposés au musée de Cluny, où ils sont inscrits sous le n° 1,798.

En voici le catalogue : -

1° Une chaine en or du poids de 225 grammes ;

2° Une chaine en argent fortement oxidée, composée d'un grand anneau et de deux autres plus petits ;

3° Un casse-tête en silex ;

4° Trois glaives ou poignards en bronze oxidés et portant les marques d'une couche d'argent ;

5° Une pique en bronze ;

6° Un petit poignard en bronze ;

7° Une pierre rectangulaire rouge, percée d'un trou au sommet de chaque angle ;

8° Une amulette en pierre verte ;

9° Plusieurs flèches en silex dentelées.

Si ces objets, dont la place marquée serait au musée départemental, ont passé dans les mains d'étrangers, M. Le Men nous en a au moins conservé la description, et il a été assez heureux pour retrouver après 25 ans, tous les renseignements utiles pour rendre compte de cette importante découverte. Son travail a été inséré dans la *Revue archéologique* du mois de mai 1868.

Voici la description du monument telle que la donne M. Le Men :

« C'est une éminence régulièrement arrondie dont la hauteur est d'envion quatre mètres et le diamètre de vingt-six mètres. Elle est formée à sa surface d'une couche d'argile jaunâtre épaisse de cinquante centimètres. Le reste du tumulus se compose de moellons mêlés à de la terre. Il renferme à sa partie centrale et au niveau du sol naturel, un dolmen ou chambre sépulcrale formée de neuf piliers et d'une plate-forme aujourd'hui brisée.

« La longueur de cette chambre à l'intérieur est de deux mètres et sa largeur d'un mètre cinquante centimètres. La hauteur des piliers est aussi d'un mètre cinquante centimètres. Ces piliers sont des pierres plates de choix, qui ont été taillées sur les côtés, afin de pouvoir les rapprocher assez exactement les unes des autres, pour empêcher la terre de pénétrer à l'intérieur.

« C'est évidemment dans le même but que des coins de pierre ont été fortement enfoncés dans les intervalles qui existent aux quatre angles de la chambre, à la partie inférieure des piliers. L'épaisseur de la plate-forme était de dix-huit centimètres, et celle de la couche de terre et de pierres qui la recouvrait, de deux mètres ving-cinq centimètres. »

Nous continuons notre excursion et nous ne tardons pas à arriver à Carnoët. Il ne reste de l'ancien château que quelques pans de maçonneries, quelques ruines de peu d'importance, mais les douves et les retranchements en terre sont presqu'intacts, et il est facile de reconstruire l'ancienne demeure féodale. Les bâtiments occupaient un carré long ayant environ 48 mètres de large sur 76 de long ; la maison principale qui faisait face au midi était située à l'angle nord-ouest, où dernièrement on a mis à découvert une très-grande cheminée ; des fouilles faites à différentes époques ont amené la découverte de briques vernissées, de fûts de colonnes, et de chapiteaux dont l'élégance dénote le XIIIᵉ siècle ; c'est aussi l'époque qu'il convient de donner aux constructions. Dans les fouilles on a aussi plusieurs fois trouvé des morceaux de charbon et des débris de bois brûlés ; d'où on pourrait conclure que la destruction du château est due à un incendie.

La chronique fait du dernier seigneur de Carnoët, le mari et le bourreau de sept femmes dont la dernière fut sainte Triphine, ...
La légende raconte aussi comment tout à coup la terre s'ouvrit et engloutit ce seigneur et son château.

La forêt de Carnoët appartenait originairement aux comtes de Cornouailles souverains du pays et ensuite aux ducs de Bretagne.

Jean Iᵉʳ dit le Roux, fit construire le mur d'enceinte du *Parc de Carnoët*. Il avait sept lieues de tour et comprenait du côté gauche les bois dits *la Taille au Duc* ; jai recherché vainement à reconstituer ce mur je n'ai trouvé que quelques tronçons qui portent tantôt le nom de *Mur du Roi* tantôt celui de *Mur du Diable*.

L'ancienne juridiction de Carnoët, répondant au *Pagus* de ce nom, comprenait les communes de Bannalec, Riec, Le Trévoux, Bey, Moëlan, Clohars et Lothéa. Telle est l'origine de la juridiction royale de Quimperlé.

Les ducs de Bretagne, seigneurs de Carnoët, possédaient au Bourg-Neuf en Quimperlé, une maison dans laquelle se tenaient les plaids généraux de la seigneurie. Ils la donnèrent aux dominicains de la même ville mais continuèrent leur juridiction. Se voyant à la porte de Quimperlé qui tous les jours prenait plus d'importance, ils firent pendant plusieurs siècles des efforts pour y mettre le pied. Leurs officiers y réussirent enfin, et confondant la juridiction particulière de Carnoët avec la juridiction supérieure du Duc, ils parvinrent à l'exercer à Quimperlé. Un arrêt du Parlement du 4 juin 1670 maintient les Ducs, ou les Rois leurs successeurs, dans une juridiction s'étendant sur douze paroisses, et composée de celle de Carnoët et de celle proprement dite de

Quimperlé, qui appartenait aux abbés de Sainte-Croix, en vertu de la donation du comte Alain (1).

Une élégante villa est aujourd'hui construite près du vieux château de Carnoët.

A la sortie de la forêt commence la taille de Saint-Maurice. Un ancien monastère, placé sous ce vocable, était situé dans dans cette partie de la forêt.

« Saint-Maurice était originaire de la paroisse de Loudéac, au diocèse de Saint-Brieuc et avait étudié les belles-lettres à l'université de Paris. De retour en sa patrie, il se retira dans le monastère de Langonnet. Les progrès qu'il fit dans la vertu et les preuves qu'il donna de sa sagesse, le firent élire abbé de cette maison qu'il gouverna, dit-on, trente ans. Le désir d'augmenter son ordre et de procurer des retraites à ceux qui cherchent véritablement Dieu, lui fit accepter un emplacement que le duc Conan IV lui donna dans la forêt de Carnoët (1170). Il s'y établit avec douze religieux. » (2)

Depuis saint Maurice, mort en 1191, jusqu'à la révolution, l'abbaye fut administrée par trente-trois abbés, dont l'un, Pierre du Vieux-Châtel fut tué lors du pillage du château de Roscanou en 1590 (3). Le dernier fut Jérome de Keroulas, archidiacre et vicaire général de Léon, décédé à Quimper en 1806 (4).

Les bâtiments conventuels sont du XVIᵉ siècle. Une partie est tombée en ruines ; l'autre, restaurée dernièrement par les soins du propriétaire actuel, Mᵐᵉ de Kergré, est habitée.

Le cloître et l'ancienne chapelle sont en ruines ; mais dans l'un des bas côtés de cette dernière, on en a établi une nouvelle où se trouvent les reliques du saint fondateur. Ces ossements sont conservés et offerts à la vénération des fidèles dans un reliquaire en bois sculpté et doré dont l'ornementation indique le XVIIᵉ siècle. Il portait d'un côté un

---

(1) Dom Le Duc, Histoire de l'abbaye de Sainte-Croix. — Edition R. F. Le Men, et Notice historique sur Quimperlé, par A. de Blois.

(2) L'Eglise de Bretagne, par Dom Morice de Beaubois.

(3) Histoire de la Ligue en Bretagne, par le chanoine Moreau.

(4) Histoire de Quimperlé, par M. Daniel.

écusson aujourd'hui effacé (problablement celui du donateur) surmonté d'une couronne de comte. Ces reliques reposent sur une table de marbre blanc assez richement ornée provenant d'un tombeau juif. Au centre de cette table est gravé en creux un tronc d'arbre qu'une main armée d'une hache semble frapper. On lit au-dessous le mot hébreux : *Matsebeth*, qui signifie littéralement *tronc* (truneus), et qui paraît être le nom de la personne inhumée dans ce tombeau. Il faut donc voir dans la représentation gravée au-dessus de ce nom un symbole parlant. Le haut de la pierre est occupé par une inscription hébraïque composée de deux lignes et qui est la reproduction d'un verset de l'ancien testament : « Jehovah avait donné, Jehovah a oté, que le nom de Jehovah soit béni. » (Job. 1. 21.)

Dans la sacristie on voit aussi une pierre tombale portant la représentation d'une dame vêtue d'un manteau de vair, et autour de laquelle M. le Men a lu l'inscription suivante, gravée au trait en caractères du XIIIe siècle : HIC : IACET : DNA : MABILIA : QUONDAM : UXOR : DNI : HELGOMARII : CORNUBIE : MILITIS : Deux autres pierres tombales moins remarquables se voient parmi les dalles qui servent de pavé au porche du jardin. Elles sont fort usées, et l'on a quelque peine à lire sur la première pierre : HIC IACET RD PR *(reverendus pater)* NICOLAVS DRVAV.... (PRIOR ?) HUIUS MONASTERII, OBIIT 1651, et sur la seconde : .....PRIEUR DE AURAY.....

Il faut aussi visiter à Saint-Maurice les jardins et la salle capitulaire, cette dernière est la pièce essentielle et la mieux conservée du monastère. Dans cette pièce construite en belles pierres de taille avec des voûtes très-soignées, j'avais cru reconnaître la riche ornementation du XIVe siècle, mais depuis, M. Le Men, m'a fait remarquer certains détails qui autorisent à fixer au XIIIe siècle la construction de cette salle. Il faut encore voir à Saint-Maurice un beau christ en bronze, un calice très-ancien et une croix abbatiale en bois qui se trouvent dans la sacristie.

Les religieux de Saint-Maurice eurent de fréquentes discussions avec leurs voisins les religieux de Sainte-Croix de Quimperlé. Ceux-ci avaient le droit de pêche dans la rivière Ellé (aujourd'hui Laita), jusqu'au ruisseau de Carnoël ; les religieux de Saint-Maurice s'autorisant d'une bulle d'Honoré III, pretendirent qu'ils jouissaient du droit de pêche depuis les *goréts* jusqu'à la mer, une sentence du 27 octobre 1682 les débouta de leurs prétentions. Malgré cette sentence ils envahirent la pêcherie de Sainte-Croix et furent pour cela condamnés à une amende de 700 livres.

Le 14 juillet 1727 deux religieux de Saint-Maurice vinrent encore pêcher au-dessus du manoir de Québlen, l'affaire fut portée à Quimper, et par sentence du présidial de cette ville, les religieux de Quimperlé furent confirmés dans leur droit de pêche.

Au delà de Saint-Maurice est l'anse de Saint-Germain, au fond de laquelle, et près de l'étang et du moulin du Quinquis se trouvent les ruines peu importantes du château du Plessix ou Quinquis. Un peu au-dessus, nous rencontrons sur le bord de la rivière, un camp ou enceinte fortifiée. Deux autres forteresses en terre se voient sur la rive gauche de la rivière, et par conséquent dans le Morbihan; je suis porté à croire que ces camps ne remontent pas au-delà de la Ligue. Au surplus, je crois qu'il est prudent de ne se prononcer que lorsque par suite de fouilles on aura recueilli quelques renseignements sur les habitants de ces enceintes, les fouillles devant nécessairement amener la découverte de débris d'armes ou d'instruments.

Enfin nous atteignons le Pouldu, but de notre voyage. C'est dans la baie du Pouldu que descendirent en 1746 les Anglais, lors de leur tentative infructueuse sur Lorient, c'est encore dans la baie du Pouldu que Louis d'Espagne et ses compagnons prirent terre en 1343.

L'on voit au Pouldu la chapelle de Saint-Julien, petit édifice du XVIe siècle aujourd'hui transformé en maison. Les cultures du voisinage recouvrent des substructions gallo-romaines dont on ne s'est pas encore occupé de déterminer l'importance. Lors des travaux de réparations à cette chapelle en 1846, on découvrit à peu de distance un tombeau gallo-romain en plomb. Mais ici nous avons été plus heureux que pour celui de la forêt de Carnoët ; les objets qu'il contenait, longtemps dispersés entre les mains de diverses personnes, sont aujourd'hui déposés au Musée départemental d'archéologie , et M. Le Men qui est parvenu plus de seize ans après la découverte à les réunir, en a donné une description dans la *Revue archéologique* du mois de novembre 1869.

M. le Président remercie M. Audran de l'intéressant compte-rendu dont il vient de donner lecture. Il espère que d'autres points de l'arrondissement de Quimperlé seront de sa part l'objet de semblables recherches. L'assemblée décide que le travail de M. Audran sera inséré *in-extenso* dans le prochain Bulletin de la Société.

M. Bourassin fait hommage au Musée départemental d'un fragment d'aërolithe recueilli en Bretagne par lui et par M. Durocher, ingénieur des mines à Rennes.

L'heure avancée ne permet pas d'examiner la Notice sur le château de Châteaulin et sur son parc, que M. le Président vient de recevoir de M. le docteur Halléguen.

La séance est levée à quatre heures un quart.

Le Secrétaire : R. F. Le Men.

AVIS.

Le Bureau considérant que si la Société d'archéologie était convoquée pour le 13 du mois prochain, jour fixé pour ses réunions ordinaires, peu de membres se rendraient à cette séance, en raison de la proximité du Congrès de l'Association bretonne qui s'ouvrira à Quimper le surlendemain 15 septembre, décide que cette séance sera renvoyée au second samedi du mois d'octobre.

ORDRE DU JOUR

Pour la séance du 11 octobre, à 2 heures, dans une des salles du Musée d'Archéologie.

1° Scrutin sur la demande d'admission de MM. Le Roux, membre du Conseil général , Dermier, Principal du Collége de Quimper et l'abbé Quéméneur, comme membres de la Société archéologique.

2° Notice sur le château féodal de Châteaulin et sur son parc (avec plans), par M. le docteur Halléguen.

3° Statistique monumentale de diverses communes du Finistère, par M. FLAGELLE.

4° Voies romaines sortant de Quimper ou traversant cette ville, par R. F. LE MEN.

NOTA. — MM. les Sociétaires sont priés de vouloir bien faire parvenir, le plus tôt possible, le montant de leur cotisation (10 francs), à M. FATY, major en retraite, rue des Reguaires, n° 22, à Quimper.

ASSOCIATION BRETONNE.

CONGRÈS DE 1873.

(15 Septembre).

DEUXIÈME CLASSE.

ARCHÉOLOGIE ET HISTOIRE.

QUESTIONS PROPOSÉES.

§ 1er. — *Archéologie proprement dite.*

1. Quel est le contingent fourni jusqu'à ce jour par la Bretagne à la connaissance des temps préhistoriques ? Signaler les cavernes ou grottes habitées, les pierres taillées, armes ou instruments, en usage dans cette époque primitive.

2. Monuments Mégalithiques ou Celtiques. Faire connaître les découvertes ou observations faites depuis une quinzaine d'années, qui peuvent offrir quelque lumière nouvelle pour l'étude de ces monuments.

3. Galeries souterraines servant de lieu de retraite, de lieu de dépôts d'objets réputés précieux, ou de lieu de sépulture. Indiquer les circonstances qui peuvent faire connaître la destination de celles qui ont été découvertes.

4. Trouve-t-on, dans le même pays, d'autres camps que celui de Péran, près de Saint-Brieuc, pour la construction desquels on ait fait usage de la vitrification ?

5. Quelles sont, parmi les enceintes fortifiées de la période Gauloise, celles où l'on a pu reconnaître les traces d'un ancien *oppidum ?*

6. Dans quelles conditions pourrait-on signaler sur la carte les monuments de l'époque Gallo-Romaine découverts en Bretagne ?

7. Tracer le réseau des voies romaines de la même circonscription.

8. Dresser une statistique générale des camps Romains pour le département du Finistère.

9. Donner la collection complète des inscriptions Romaines découvertes en Bretagne, avec les éclaircissements que peuvent réclamer ces documents épigraphiques.

10. Signaler dans les découvertes d'anciennes monnaies, faites depuis quinze ans, celles qui méritent de fixer l'attention, soit par leur importance, soit par leur intérêt pour l'étude historique.

11. Parmi les objets d'antiquité recueillis en Bretagne, y en a-t-il qui se rapportent au culte chrétien ou qui offrent des signes symboliques du même culte ? Préciser autant que possible l'époque à laquelle ils appartiennent.

12. Décrire les formes architectoniques de l'église autrefois collégiale de Pont-Croix ; marquer les différences par lesquelles son style de transition s'écarte de celui qui a été généralement en usage ; en constater le rayonnement sur les contrées voisines et reconnaître l'époque à laquelle se rapporte la consruction de cet édifice.

§ 2. — *Histoire.*

13. Quelles sont les traces qu'a laissées en Bretagne le stationnement des corps de l'armée permanente du *tractus* Nervien et Armoricain cantonnés sur son littoral ?

14. Géographie historique de la Péninsule Armoricaine sous les dominations Gauloise et Romaine.

Quelles sont notamment les inductions nouvelles que présentent pour ces recherches : 1º l'inscription de la borne épigraphique de Kerscao qui marque la position de *Vorganium* à huit mille pas de son emplacement (1) ; 2° la découverte, annoncée depuis peu, d'un manuscrit du VIe siècle où le nom de *Corisopitum* figure parmi ceux des cités de la IIIe Lyonnaise (2) ?

15. A quelles localités modernes peut-on appliquer les noms des divers établissements de l'Ordre du Temple mentionnés dans la Charte du duc Conan IV, publiée par les soins de M. de Barthélemy ?

16. Déterminer les caractères par lesquels se diversifie l'idiôme Breton dans les dialectes de Tréguier, du Léon, de la Cornouaille et du Vannetais.

17. Exposer la composition de l'ancien Comté de Léon en indiquant la consistance de ses principaux fiefs. (3).

18. Des anciennes mesures de capacité usitées en Bretagne ; de celles principalement qui s'employaient pour les grains.

Les pierres, creusées de plusieurs augets et souvent munies de tourillons, qu'on trouve disséminées ou utilisées comme bénitiers dans les cimetières servaient-elles à cet usage ? Quelles sont parmi les églises, autrefois dépositaires de ces étalons de mesure, celles où ils ont été conservés ?

19. L'ancien usage pratiqué dans les villes de la Cornouaille et du Léon de tenir dans des églises ou chapelles les assemblées municipales était-il général en Bretagne ?

20. Quelles sont, parmi les pieuses pratiques gardées par les

---

(1) Cette borne milliaire qu'on aura sous les yeux au Musée départemental du Finistère, où le soin de sa conservation a engagé à la faire transporter, appartient au règne de Claude Ier, années 41 à 54 de l'Ère chrétienne. Son emplacement était sur la voie Romaine se dirigeant vers la pointe de Plouguerneau à huit mille mètres à l'Ouest de Lesneven.

(2) M. Longnon, qui a fait connaître l'existence de ce manuscrit (*de la Notice des Cités*, n° 1297. fond latin de la Bibliothèque Nationale), dans un savant mémoire adressé au Congrès de l'Institut des Provinces tenu à Saint-Brieuc en juillet 1872, en fixe ainsi la date d'après les caractères graphiques et sa liste des Papes qui s'arrête au Pape Vigile dont le Pontificat a fini en l'année 555.

(3) Cette question a été traitée, pour la Cornouaille, au Congrès de 1848.

populations bretonnes, celles dont l'origine peut se rattacher à l'histoire civile ou ecclésiastique ? Etudier à ce point de vue celles de porter, comme préservatives de la rage, les clefs dites de *Saint-Ugen.*

21. Rechercher les documents qui peuvent servir à faire connaître l'état du commerce ou de l'industrie dans les diverses régions de la Bretagne aux XIV°, XV° et XVI° siècles.

22. Retracer, dans un aperçu général, l'histoire des États de Bretagne, depuis la réunion de cette province à la France.

23. Examen critique des travaux relatifs à l'histoire de la Bretagne qui ont paru depuis l'interruption des Congrès de l'Association Bretonne.

NOTA. — *Aux termes du règlement, d'autres questions que celles des programmes d'Agriculture et d'Archéologie peuvent être portées aux séances avec l'agrément du bureau de Congrès.*

Dons offerts au Musée départemental d'archéologie.

M. FATY , trésorier de la Société archéologique.

1° Neuf médailles de divers modules.

2° Quinze monnaies romaines en bronze et deux en argent.

3° Quatre jetons en cuivre et trois *Ave Maria.*

4° Deux gros tournois de Louis IX et de Philippe le Bel.

5° Deux gros blancs de Charles VII.

6° Un douzain à la croisette de François I°r.

7° Huit deniers tournois d'Henri III, Henri IV et Louis XIII.

8° Liards de Louis XIV, presque à fleur de coin.

9° Un grand blanc d'Henri IV, roi de France et d'Angleterre.

10° Une monnaie obsidionale du siége de Mayence.

11° Deux roubles de Catherine II, impératrice de Russie.

12° Trois monnaies Turques.

13° Une agrafe en bronze.

M. DE RAISMES, membre du Conseil général, et membre de la Société archéologique.

Oiseau fossile pétrifié en silex noir trouvé en 1859 à Saint-Valéry-sur-Somme, et d'une remarquable conservation.

M. NÉDÉLEC (Jean-Marie), cultivateur au château de la Marche, en la commune d'Ergué-Gabéric.

Médaille commémorative des journées de Juillet.

Mme veuve MESSANOT, de Quimper.

1° Faïences anciennes de Nancy, de Nevers et de Loc-Maria-Quimper.

2° Objets d'histoire naturelle.

M. Louis NAVADIC, de Quimper.

Deux monnaies en cuivre de Louis XVI.

M. PIRIOU, peintre, membre de la Société.

Un teston d'Henri III, roi de France.

UN SOLDAT du 26° de ligne.

Deux monnaies de Louis XVI.

(A suivre).

SÉANCE DU 11 OCTOBRE 1873.

Présidence de M. A. de Blois.

M. de Montifault, secrétaire donne, sur l'invitation de M. le Président, lecture du procès-verbal de la séance précédente.

M. Halléguen reproduit la réclamation qu'il avait faite à la séance du mois d'août, par lettre, et qui porte sur la rédaction du procès-verbal de juillet. Il regrette qu'on n'ait pas mentionné au procès-verbal les observations et réserves qu'il a faites au sujet de la partie historique du travail de M. Le Men.

Après quelques observations de M. le Président sur la manière dont il est possible de rédiger les procès-verbaux, l'incident est clos et M. de Blois fait part à l'assemblée des résultats donnés par la fouille d'un tumulus faite près de Lannilis. Il a reçu de M. Ribault receveur de l'enregistrement, à Lannilis la lettre suivante :

« Monsieur, vous apprendrez peut-être avec intérêt la découverte qui vient d'être faite à Lannilis, d'un tumulus et le résultat des fouilles qui y ont été pratiquées hier 25 courant, sous la direction de M. de Lécluse, vérificateur de l'enregistrement.

Ce tumulus est situé à 1 kilomètre du bourg de Lannilis, près de la nouvelle route de l'Abervrach, dans un champ appartenant à M. Caraès.

Il est peu élevé, ayant été cultivé depuis fort longtemps et sa hauteur au-dessus du niveau moyen du champ, ne dépasse pas deux mètres.

Les fouilles ont été faites par le propriétaire, M. Caraès, en présence de MM. de Lécluse, de Merey, Morvan, Charles, chimiste, Sagot, médecin, et Péron, directeur des travaux de la route de l'Abervrac'h à qui l'on doit la découverte du tumulus.

Un puits pratiqué à l'endroit du tumulus qui nous a paru être le centre, n'a pas tardé à nous faire voir la dalle qui recouvrait le tombeau.

Cette dalle, de forme ovale, d'une longueur de 3 m. 50 c. et d'une largeur de 2 m. 25 c., reposait sur une maçonnerie en pierres noyée dans de l'argile.

Une brèche ayant été faite dans la maçonnerie, le tombeau s'est présenté à nous parfaitement intact.

Il contenait beaucoup de cendres, quelques fragments de bois de chêne presque réduits en poussière, deux morceaux de bronze recourbés d'une longueur de 25 centimètres, complétement oxidés (1) ; et enfin au centre du tombeau, un vase en terre cuite à trois anses, orné de quelques dessins grossiers et contenant de la cendre (2).

Ce sont là les seuls objets qui aient été trouvés, bien que les cendres et le sol du tombeau aient été visités avec soin (3).

Voilà, monsieur, la relation aussi exacte que possible des fouilles du tumulus en question, vous la soumettrez si vous le jugez à propos, à la Société archéologique de Quimper. Si cette société avait besoin de renseignements autres que ceux que j'ai donnés ci-dessus, je me mets entièrement à sa disposition. Recevez, etc. Signé Ribault, receveur de l'Enregistrement à Lannilis. »

Cette intéressante lecture est accueillie avec le plus vif intérêt et la Société prie son président de remercier en son nom M. Ribault et les autres auteurs de la découverte.

Cette communication sera transmise à M. Le Men, directeur du Musée d'archéologie, afin de savoir s'il serait possible de faire transporter au Musée départemental les objets recueillis.

M. Halléguen a la parole sur le château et le parc de Châteaulin.

Il expose que la description de ce curieux et important ouvrage a été donnée par lui dans l'*Écho de Châteaulin* du 19 octobre et dans les numéros suivants des 26 octobre, 2 novembre et 10 novembre 1850. Il a été fortement aidé dans ses recherches par les ouvrages de MM. de Fréminville et de Blois.

M. Halléguen donne d'abord la description du château

---

(1) M. Ribault joint un dessin de ces fragments, d'où il semble résulter qu'ils appartenaient à des bracelets.

(2) Joint un dessin représentant le vase.

(3) Joint un plan et une coupe verticale du tombeau avec l'indication de toutes ses dimensions.

proprement dit. Il en énumère les enceintes, les fossés, les tours, le donjon, le pont-levis. Ses ruines indiquent que le château a été détruit par un incendie. (*Écho de Châteaulin* 19 octobre 1850).

En résumé il y avait sur la montagne de Châteaulin, rocher nu et abrupt sur toutes ses faces, un castel important. La base du mont s'avançait d'un côté dans la rivière, de l'autre un vaste étang l'entourait. Un chemin étroit , taillé dans le roc donnait accès au plateau en le contournant et en passant sous une ligne de remparts et de tours formidables ; à ce chemin, dominé par le fort, aboutissaient toutes les routes du pays. Du côté de la rivière, le rocher est taillé en terrasses. Le sommet est bordé de remparts flanqués de nombreuses tours. En plusieurs endroits le roc taillé à vif, rend tout assaut impossible. Sur la partie la plus inaccessible, vers le midi, s'élève le donjon avec ses hautes tours.

Castellin, nom breton de Châteaulin, signifie château de Nin, selon l'étymologie qu'en a donné M. de Blois, Castellin était donc le château du *Pays* de *Nin*.

A qui faire remonter sa construction ?

Les ruines actuelles sont relativement modernes. On n'y trouve que peu ou point d'indices romains.

Cependant une voie romaine passait à Châteaulin, se dirigeant de Carhaix vers Crozon et la pointe du Raz. Il n'y a aucun castel à proximité, si ce n'est Castellin. La proximité du village de Kerstrat est encore un indice. Le camp romain dut être placé sur la montagne qui domine le pays, les voies et la principale rivière. Pourtant l'importance de l'établissement romain, qui devait être considérable ne peut se déterminer aujourd'hui, on ne trouve aucune substruction romaine, à peine quelques plaques de marbre et quelques tuiles à rebords et, parmi les murs d'enceinte et les murs de la chapelle de Notre-Dame, quelques pierres de petit appareil qui doivent provenir des anciennes constructions romaines. (Echo de Châteaulin, du 25 octobre 1850).

M. Halléguen compare ensuite Castellin avec le château de la Roche-Maurice, et le château de Roc'h-Morvan, il cite MM. de Blois, de Kergariou, de Kerdrel, de Courcy, de

Fréminville, Ernold le Noir. Il en conclut que la partie féodale du château a été bâtie au plus tard au xᵉ siècle par un comte de Cornouailles. On a pu le réparer ou même le reconstruire en partie.

L'auteur cite ensuite Dom Morice, preuves, tom 1, col. 467. — Il remarque l'expression : *juxtà castrum quod vocatur Castellin* ; le même document décrit un endroit montagneux *qui vocatur nin* (cartulaire de Landévennec), ces deux textes indiquent pour le château une haute antiquité, puisqu'on se sert pour le désigner du même nom que pour le *pays* lui-même.

M. Halléguen rapporte ensuite les opinions vulgaires et les traditions populaires sur l'origine de Castellin.

Il passe à l'histoire du château ; elle ne commence à être connue qu'au commencement du XIIᵉ siècle, 1148. — Siége de 1163. — Citations de Dom Morice et de Guillaume Le Breton, ainsi que de différentes pièces communiquées à l'auteur par M. de Blois (*Écho de Châteaulin*, 2 novembre 1850).

Nous arrivons maintenant au Parc. Il se compose essentiellement de deux parties, munies chacune d'une enceinte spéciale. Le petit Parc est compris dans le grand ; tous deux partent du château.

Il fut tracé par le duc Jean Le Roux au XIIIᵉ siècle (*Chronique de Saint-Brieuc*). Ce Duc répara Castellin qui avait souffert du siége du XIIᵉ siècle.

Le mur commence près de l'angle nord-est du donjon, traverse la rivière à la chaussée de l'ancienne pêcherie, borde le *Champ-du-Haut*, le chemin de *Parc-Bihan*, le champ de *Parc-Névez-Bihan*, reparait au *Parc-ar-Vur* et dans la lande *Parc-Goré-ar-Goarem* ; il borde le bois *Parc-Bihan-Bras*, et traverse les terres de *Quimil* jusqu'au halage et à la rivière.

C'était là l'enceinte du petit Parc qui finit près de *Parc-Bihan*.

Venait ensuite le *grand Parc ;* son enceinte commence à *Parc-ar-Mançon*, il suit *Parc-Izella*, le bois de *Quimil, Clos-Bras, Kerstrat, Pen-Feunteun, Toul-ar-Rodo, Run-an-Parc, Pennaros, Rosaon, Meilar, Prion, Stanguivin, Kerluan, Parc-ar-Cao, Pennapont.*

Elle traversait la rivière sur l'écluse de *Meil-Aon*, suivait les carrières de *Guilly* et *Kérével*, et arrivait à *Pennanros* ; puis elle bordait le chemin *Hent-ar-Vur*, traversait la montagne de *Lanurgat* et suivait le chemin vicinal de Châteaulin à Gouézec.

Elle entre en Briec à *Kéréré*, passe à l'*Eau-des-Fontaines*, au *Moulin-Neuf*, à *Meil-an-Abbat*, à *Quiguen*, à *Gars-ar-Saut*, à *Toul-ar-Greil*, à *Quarit*, dans l'allée de *Trégain*, au *Stang*, à *Toul-ar-Saout*, à *Plas-Barré*, au *Mès-Don*, à *Tiouret-ar-Traon*, à *Parc-is-an-Guer*, au chemin *Fos-ar-Vur*, à *Pors-ar-Lenn*, *Pennavur*, *Hinguer*, *Postariot*, les bois et prés du *Gollen* et du *Guern*, *Kérel*, *Est-Cast*, *Clémeur*, *Port-Richard*, *Toul-ar-Philistin* , *Cosmeil*, *Guillipars*, montagne de *Saint-Gildas*, *Prataval*, le mont du *Quelch* ; elle rejoint le château par le *Vieux-Bourg*, le *Chemin-des-Morts*, le côté ouest du vieux cimetière, embrassant ainsi la chapelle de Notre-Dame entre son point de départ et son point d'arrivée.

Cette enceinte était entourée d'un chemin que l'on peut encore parcourir à cheval dans une grande partie de son étendue.

Le périmètre total du grand Parc est de 7 à 8 lieues.

Les paysans l'appellent le *mur du diable*.

M. Halléguen entre ensuite dans de nouveaux détails sur le rôle du château dans l'histoire de la Cornouailles. Il cite un grand nombre d'historiens qui font mention de Castellin et une charte de donation du 2 mars 1689, au sujet de l'hôpital du château. Il raconte la naissance au château de Pierre II, fils de Jean, duc de Bretagne, et de Blanche de Navarre, aux fêtes de pâques de 1241.

M. Halléguen ayant terminé sa lecture , M. Faty fait remarquer que les tours des châteaux avaient la forme ronde sous la domination romaine jusqu'au xiiᵉ siècle environ ; à partir du xiiᵉ siècle, elles deviennent carrées et ce n'est que beaucoup plus tard qu'on revient à la forme ronde. Il remarque que les tours de Castellin sont rondes. Il en conclut que, s'il est constaté que les fortifications sont antérieures au xiiᵉ siècle, il est probable qu'elles ont été construites sur un emplacement romain et peut-être même sur des substructions romaines.

M. de Blois dit que pour lui Castellin est un ancien castrum romain qui exista dès la conquête, et qui fut sinon fondé, au moins développé et fortifié comme étant un point très-important pour défendre le pays contre les incursions des pirates du Nord. Ce point dominait le cours de l'Aulne, à l'endroit où cette rivière cessait d'être navigable. Il est donc impossible qu'il n'ait pas été choisi comme point essentiel pour la défense du littoral par le tractus Nervien et Armoricain.

M. de Blois demande ensuite à M. Halléguen compte d'une expression qu'il a souvent employée dans son travail, à savoir : *Pays de Nin*; sur quoi se base M. Halléguen ? *Nin* veut dire montagne, éminence, mais jamais à la connaissance de M. de Blois il n'y a eu de *Pays de Nin*.

M. Halléguen cite Castellin, Coat-Ninun et Nin-Dour, trois localités très-rapprochées l'une de l'autre, les anciens auteurs appellent Châteaulin *Castel-Nini*, ce qui ne peut se traduire que par *Château de Nin*, c'est-à-dire château du *Pays de Nin*.

M. de Blois dit que *Castel-Nini* veut dire château de la montagne, et que les noms cités par M. Halléguen, se retrouvent partout où il y a une montagne ou une colline.

Cela ne peut constituer ce qu'on appelle un *pays*.

M. Halléguen insiste en disant que pour lui il y avait un *Pays de Nin*, pays de peu d'étendue peut-être, mais qui portait ce nom qu'on retrouve plusieurs fois à des endroits rapprochés, et dit qu'il ne peut traduire *Castel-Nini* que par *Château de Nin* ou château du *Pays de Nin*.

M. de Blois ne peut traduire *Castel Nini* que par : *Château de la Montagne*.

Il pense que le petit Parc était le lieu de promenade, les jardins du Châtelain. Il y a aussi à Morlaix et dans tous les autres châteaux Ducaux un grand Parc et un petit Parc.

Quand au grand parc, il existe aussi partout la même légende de la construction de l'enceinte par le diable en une seule nuit ; partout le nom populaire de *Mur du Diable*.

Cet usage n'était pas particulier à Châteaulin ni à la Bretagne, il existait partout en France et dans tous les pays d'Europe. La grande enceinte était peut-être un mur indiquant le parc de chasse réservée au duc ou au seigneur.

Cependant, bien qu'à cette époque le droit de chasse eût une importance, on s'explique difficilement la construction de murailles de huit lieues de tour pour garder une chas se M. de Blois pense que ces murailles pouvaient servir à délimiter le domaine engagé, à séparer les terres affermées du domaine réservé qui restait le propre du Seigneur et qui était cultivé par des hommes à lui.

L'ordre du jour étant épuisé M le Président fait procéder à l'élection des personnes qui se sont présentées pour faire partie de la société et qui sont :

1° M. Le Roux, membre du Conseil général présenté par MM. de Blois et Le Men ;

2° M. Dermier principal du collége, présenté par MM. Faty et de Montifault ;

3° M. l'abbé Quéméneur, curé de Sainte-Croix à Quimperlé, présenté par MM. de Blois et Le Men ;

4° M. Loyer, Lucien, étudiant en droit, présenté par MM. Audran et Le Men ;

Ces candidats sont admis à l'unanimité et font désormais partie à la société.

La séance est levée à 4 heures 1/2.

Le Secrétaire,

V. DE MONTIFAULT.

AVIS

Le bureau, considérant qu'il n'y a plus à l'ordre du jour que : 1° la statistique monumentale de diverses communes du Finistère par M. Flagelle ; 2° les voies romaines sortant de Quimper ou traversant cette ville par M. R. F. Le Men ; que le Président, plusieurs membres et notamment M. Le Men seront absents le deuxième samedi de novembre ; que la présence de M. Flagelle n'est pas certaine pour ce même jour ;

Décide que la prochaine séance est remise au deuxième samedi de décembre ;

Fait un appel pressant à tous les membres en les priant d'apporter pour cette séance quelques documents.

Nota. MM. les Sociétaires sont priés de vouloir bien faire parvenir le plus tôt possible leur cotisation (10 francs) à M. Faty, major en retraite, rue des Reguaires, n° 22, à Quimper.

Le Président,

A. DE BLOIS.

Dons offerts au Musée départemental d'archéologie.

M. l'abbé EVRARD, vicaire-général.

1° Treize monnaies romaines en bronze de Néron, Trajan, Antonin le Pieux, Faustine jeune, Gallien, Victorin, Postume, Claude II, Constantin Le Grand et Constantin II.

2° Huit monnaies françaises en argent, en billon et en bronze, de Charles V, Louis XII, Charles IX, Henri III, Henri IV, Louis XIII et de la première république.

3° Deux blancs et un douzain de billon des ducs de Bretagne François I et Jean IV.

4° Deux doubles réales d'Espagne, de Ferdinand et Isabelle.

5° Sept jetons en cuivre.

M. VESSEYRE, ancien maire de Quimper.
Un moyen bronze d'Antonin le Pieux.

M. Prosper HÉMON, membre de la Société.

1° Un pied de roy en cuivre du XVIIe siècle.

2° Un sceau matrice en cuivre de la Ferme des Devoirs de Bretagne.

3° Quatre monnaies romaines en bronze.

4° Une médaille en argent du XIIIe siècle.

5° Une monnaie en argent de Louis XV.

6° Une pièce de deux liards en cuivre des colonies françaises (1722).

7° Une pièce de monnaie norvégienne en billon de 1694.

8° Une pièce russe en bronze.

Une médaille commémorative en bronze de la victoire remportée en 1797, par la flotte américaine composée de 15 navires, commandée par John Jervis, sur la flotte espagnole, forte de 27 voiles. *(A suivre)*.

SÉANCE DU 10 JANVIER 1874.

Présidence de M. A. de Blois.

M. de Montifault, secrétaire, donne, sur l'invitation de
M. le Président, lecture du procès-verbal de la séance précédente.

Ce procès-verbal est adopté sans observation.

Les membres du bureau présentent MM. Pocard-Ker-
viller, ingénieur des ponts et chaussées à Nantes, et Bol-
loch, juge suppléant à Morlaix, qui désirent faire partie de
la Société.

Ces deux candidats sont admis à l'unanimité.

M. de Blois donne ensuite lecture d'une intéressante
communication faite à la Société par notre confrère M. le
docteur Le Hir.

Cette communication est ainsi conçue :

CAVERNE DE ROC'H-TOUL, EN KEROUGUY-IZELLA, COMMUNE DE GUICLAN (FINISTÈRE).

« Cette grotte est située à 84 mètres de la rive de la
Penzé, elle est creusée dans un roc blanc composé de grès
et de quartz. Ce rocher forme une crête très-pittoresque au
dessus d'un joli vallon. Son ouverture trapézoïdale est placée sur le versant nord-est du rocher, vis à vis le manoir de
Luzec. J'ai découvert une moitié de celtæ en pierre polie
dans le sentier rapide qui conduit du moulin de Luzec au
pont de pierre qui traverse la rivière au-dessous de la
grotte.

« Le rocher a 115 mètres de longueur au sud, 140 mètres au nord, 20 mètres à l'est.

« La grotte se divise en deux chambres, presqu'en ligne
droite et séparées par une cloison de rochers qu'il faut con-
tourner pour passer de l'une dans l'autre.

« La première pièce ou chambre claire, a 12 m. 40 c.
de profondeur. La hauteur de la voûte à l'entrée est de
7 m. 70 c.; deux mètres plus loin elle atteint 8 m. 50 c., et
au fond de la pièce, elle est encore de 8 mètres.

« La Chambre postérieure a 34 mètres de longueur, ce
qui, ajouté aux 12 m. 40 c. de la première pièce, donne
46 m. 40 c. sous roche à la caverne de Roc'h-Toul.

8

« La largeur de la première chambre varie entre 1 mètre et 2 mètres ; celle de la seconde est beaucoup plus irrégulière. La chambre postérieure a beaucoup d'anfractuosités. La hauteur du sol au plafond n'y est pas sensiblement la même comme dans la chambre claire ; elle atteint 7 mètres en quelques endroits et varie de 5 à 6 mètres dans d'autres. L'entrée de la grotte est tournée vers l'est, mais la chambre postérieure a une pente ascendante assez prononcée et sa direction s'infléchit un peu vers le nord. Jusqu'ici je n'ai trouvé aucune brêche ni ouverture qui indique une autre issue à cette seconde chambre.

« La première chambre, ou chambre claire, a été décrite par moi avec assez de détails dans *Les Matériaux* (Trutat et Cartailhac), février 1869. Voici le résultat des fouilles que j'y ai exécutées :

« Le 4 juin 1868, à 10 centimètres de profondeur dans le sol, je trouvai un bout de flèche en silex. Le sol de la grotte, sur une largeur de 50 à 60 centimètres seulement, est formé de pierres anguleuses de grès, mélangées à du schiste d'un blanc jaunâtre, et à du quartz, le tout lié par de la terre noire ou jaune, et contenant une grande quantité de charbon végétal. Les parois de la grotte et la voûte sont creusées dans un roc composé de grès blancs entremêlés de couches schisteuses blanches ou jaunes micacées, et de veines ou filons de quartz hyalin qui traversent la masse jusqu'à la crête extérieure du rocher.

« A la date du 27 juillet 1868, j'étais allé environ quinze fois à la grotte, y restant depuis midi jusqu'a cinq heures du soir. Mon fils et moi, nous avions fouillé une partie du sol. A partir du 27 juillet 1868, je pris des aides.

« D'abord nous relevâmes le sol par grandes mottes. Je trouvai des morceaux de couteaux larges de 1 centimètre, plats sur une face, ayant une arrête au milieu de l'autre, et avec des bords tranchants ou dentelés par l'usage. Je recueillis ainsi 44 couteaux en silex noirâtre ou jaunâtre. Ils étaient tous enterrés presqu'à la surface du sol, sous une couche de poils provenant probablement de déjections de hiboux ou de renards. A environ 9 mètres de l'ouverture, se trouva un grattoir entier, à extrémité arrondie et retaillée. A partir de cet endroit, presqu'en face de l'ouverture qui donne accès à la deuxième chambre, en fouillant plus profondément le sol, les objets en silex qui apparurent offraient de plus grandes dimensions ; il y avait des couteaux entiers avec une face plane et l'autre portant une ou deux arrêtes longitudinales ; d'autres étaient courbes sur leurs faces, quelquefois même sur leurs bords ; quelques-uns avaient l'extrémité large et arrondie, très-tranchante ; il y en avaient à pointes légèrement arrondies, d'autres en forme de serpette, d'autres avec un seul tranchant ; enfin des fragments variant de 13 millimètres jusqu'à 4 centimètres de longueur et une petite pointe aiguë en forme de lancette semblent provenir d'autres instruments de même nature ébréchés ou cassés.

« Les couteaux au nombre de cent dix, ont été surtout trouvés vers le fond, mais aussi dans toutes les parties du sol de la chambre antérieure.

Au fond de cette première chambre, à une profondeur de 50 centimètres, j'ai recueilli des *nuclei* en silex ; l'un de 5 centimètres de long sur 3 1/2 de large et 24 d'épaisseur; le second de 4 centimètres 1/4 de long, sur 3 de large et 2 d'épaisseur. Un troisième était à la distance de 9 mètres de l'entrée, enterré près de la paroi de la grotte. Le travail des silex se faisait donc dans la caverne elle-même.

« Au 19 août 1868, j'avais fait encore fouiller six fois avec soin, le sol de la première chambre. A cette date, le nombre de silex recueillis et qui annoncent un travail régulier dépassait 330 ; de plus il y avait une quantité d'éclats ou de débris de diverses formes.

« Les petits couteaux à face plane d'un côté et munis d'une arrête centrale au revers sont au nombre de plus de cinquante. Presque tous ont l'extrémité arrondie, quelques uns seulement ont une pointe aiguë.

« Les couteaux moyens sont plats sur une des faces, la seconde offre une ou plusieurs arrêtes ; leur extrémité est le plus souvent large et arrondie, rarement pointue.

« Les grands éclats ont de 2 à 4 centimètres de large et de 1 et demi à 2 centimètres d'épaisseur à l'arrête ; ils se terminent en pointe arrondie d'un centimètre de large ou en extrémité amincie presqu'aussi large que le reste. J'ai trouvé douze de ces grands éclats.

« Plus tard un nouveau *nucléus* plus long que les autres a été trouvé profondément enfoncé dans le sol de l'entrée, et près de lui une pointe de lance en silex, triangulaire, à pointe aiguë, presque à ailerons : base 2 centimètres et demi, hauteur 4 centimètres, côté 5 centimètres, épaisseur au milieu de la base 1 centimètre. A la base trace d'un fossile qui contribue à la forme de l'instrument.

« Je retirai ou fis retirer ainsi tout le sol de la chambre antérieure qui fut répandu en dehors sur la plate-forme. Le charbon de bois est très-abondant dans ces déblais. Il existe en amas brillants à l'extérieur de la caverne à la surface du sol, où on distingue encore bien des plantes à moëlle spongieuse carbonisées. Il est encore abondant et en gros fragments à l'entrée de la deuxième chambre, mélangé avec de la terre et des élytres d'insectes. Dans la première chambre il était en très petits fragments brillants et noirs. Il est probable qu'il y en a de divers âges.

«Ayant fouillé cinq fois la chambre postérieure en 1869, j'y ai trouvé des silex taillés analogues à ceux de la première chambre, mais en moindre abondance. Je possède cependant deux grattoirs l'un de 4 centimètres et demi, l'autre de 4 centimètres ; cinq bouts de flèches ou de lances, deux rondelles et une trentaine de fragments ayant appartenu à des lamelles taillées régulièrement, enfin une vingtaine de fragments assez irréguliers, mais provenant d'un travail humain, le tout trouvé dans la seconde chambre.

« Je n'ai rien trouvé dans les cavités et les anfractuosités du rocher à l'intérieur de la grotte, mais, à cause de l'obscurité et des nombreuses inégalités du rocher, les recherches sont fort difficiles.

« Nulle part je n'ai rien trouvé sous les rochers déplacés et posés sur le sol, quoique ces rochers fussent assez petits pour qu'un homme pût les mouvoir. Il est même à remarquer que vers le 9ᵉ mètre à partir de l'entrée, là où les silex étaient pour ainsi dire accumulés, il n'y avait rien sous les rochers ; d'où l'on pourrait supposer que ces rochers mobiles servaient de meubles, de siéges, ou d'établis pour la taille du silex et que l'état des lieux n'a guères changé dans la grotte depuis le temps où elle a cessé d'être habitée.

« Nulle part sur les parois ou sur les pierres isolées je n'ai trouvé de traces de polissage de dessins ou de sculptures.

« Cette grotte ne me semble avoir été fouillée par personne avant moi. Elle m'a fourni des couteaux de différentes formes et de différentes grandeurs, des rondelles tranchantes, des serpettes, des grattoirs, des perçoirs et doubles perçoirs, des poinçons, des bouts de lances et des bouts de flèches, et enfin des nucléi. C'est une collection très-complète et très-curieuse des divers instruments primitifs fabriqués avec le silex. Deux ou trois seulement de ces silex paraissent par leurs formes arrondies en partie provenir du lit de la rivière de Penzé, les autres en presque totalité ont une autre provenance qu'il n'est pas possible de déterminer.

« A l'extérieur de la grotte et dans toutes les cavités du rocher, partout où il y avait de la terre, dans les rigoles tracées par les pluies, dans tous les sentiers pierreux qui se rendent à la rivière, j'ai fait après les grandes pluies et après les temps secs des recherches pour trouver des silex taillés ou non taillés, je n'ai jamais pu en découvrir aucun, si ce n'est celui qui a été mentionné plus haut, auprès du moulin de Luzec, et qui est une moitié de celtæ.

« Tel est le résultat de mes études sur la caverne de Roc'h-Toul, une des plus intéressantes habitations de Troglodytes.

Etablissement de Troglodytes en plein air.

« Il y a dans le voisinage de cette caverne, à 84 mètres à l'est, sur le bord de la rivière de Penzé, dans la commune de Guiclan, un champ nommé Parc-ar-Plenen, de 110 m. de longueur sur 38 de large. On y cultive généralement le panais qui demande des fouilles assez profondes.

« Presque chaque année, après le travail de l'agriculture, j'y ai trouvé des instruments taillés par éclats, comme ceux de Roc'h-Toul, les uns en silex, les autres en grès lustré gris foncé ou rose. Ce grès se trouve sur la Penzé à Kergoat en Guiclan. Il offre une cassure conchoïde. Les habitants primitifs de Roc'h-Toul l'ont taillé, mais en petite quantité; au contraire à Parc-ar-Plenen, les objets en grès lustré sont aussi nombreux que ceux en silex. Ils ont la même forme que ceux de la caverne. Cependant il faut remarquer un silex taillé en cylindre et préparé pour en détacher des lamelles. Il a 18 centimètres de longueur et 15 de circonférence.

« Ces instruments viennent tous les ans à la surface du sol après le travail d'automne.

« Pour m'assurer si cela était particulier à ce champ, j'ai parcouru à la fin de septembre 1869, tous les champs et notamment ceux où on cultive les panais et qui sont situés entre le moulin de Kerougay et la caverne de Roc'h-Toul ; je n'y ai trouvé aucun grès taillé, aucun morceau de silex, ni taillé ni brut, tandis que dans le seul champ de Parc-ar-Plenen, j'ai trouvé plus de quarante objets de silex ou de grès lustré travaillés par éclats.

« L'un des deux établissements est-il antérieur à l'autre ? Ont-ils coexisté ?

« L'établissement en plein air a-t-il été fondé avant celui de la caverne ? Cela pourrait se supposer, puisqu'il contient en grande quantité des grès lustrés, pierre du pays, tandis que la caverne ne contient guères que des silex qu'on ne trouve nulle part aux environs.

« Tous les ustensiles des deux localités sont, d'après M. de Mortillet, de l'âge des cavernes de la Dordogne, mais moins bien travaillés. Ils sont plus petits et moins nombreux, ce qui se comprend, puisque le silex pyromaque manque totalement dans le pays. Cependant je possède un perçoir qui est très-bien fait et qui a dû servir d'aiguille. Il est semblable à celui de Bruniquel exposé à Saint-Germain.

« Nulle part que je sache, on ne trouve d'autres traces de ces hommes primitifs sur notre sol. Pas de sépultures, pas d'ossements humains de cette époque, pas d'objets en os travaillés, pas de dessins, pas de sculptures sur les schistes bleus, rien que ces armes grossières en grès ou en silex.

« Le bois devait il est vrai entrer pour une grande part

daps les moyens d'attaque, de chasse et de défense des Troglodites. Leurs vêtements devaient être de peaux de bêtes ; mais de tout cela il ne reste pas trace, pas plus que de leurs ossements ou de leur nourriture. Tout ce qu'en peut dire de leur civilisation, c'est qu'ils se fabriquaient des armes de silex et de grès, et qu'ils connaissaient l'usage du feu.

« D^r LE HIR,

« D. M. P. »

Cette intéressante communication donne jlieu à différents commentaires au sujet de la manière de vivre des habitants des cavernes.

M. de Blois fait connaître que la lettre de M. Le Hir contient encore la description d'un monument d'une origine plus récente. Il donne en ces termes lecture de ce document :

Caveaux de Roguennic, en Cléder, probablement gallo-romains.

En septembre 1872, M. de Lécluse, vérificateur des domaines, m'invita à aller avec lui voir des caveaux que des piqueurs de pierre venaient de mettre au jour en fendant à l'aide de coins une énorme masse de granits près du village de Roguennic, en Cléder.

La roche solide est ensevelie à une profondeur de 2 mètres sous une couche de granite décomposé, mélangé à de l'argile diluvienne. Le bloc de granite a une épaisseur de 2 m. 30 c. et une largeur de 4 m. 50 c.

Vers les premiers jours de septembre 1872, les carriers en attaquant ce banc pour en extraire des pierres de taille, trouvèrent sous le rocher une cavité où ils pénétrèrent et ils se trouvèrent dans une chambre médiane communiquant avec deux autres chambres, l'une au nord, dont la voûte est à 1 mètre d'élévation et se trouve formée par le roc ; la largeur de cette chambre est de 1 m. 80 c. Le sol est un mélange de terre et de sable granitique peu cohérent.

J'ai trouvé sur le sol un morceau de granite auquel adhérait un morceau de charbon de bois.

L'ouverture de la chambre, percée dans la granite décomposé, est de forme ovale. Elle a 70 centimètres de haut sur

66 de large. Cette chambre située au nord de celle par laquelle nous avons pénétré, est circulaire ou plutôt ovalaire. La troisième chambre est à l'ouest ; elle est longue de 2 mètres et large d'un mètre. Sa paroi nord est revêtue d'une sorte de maçonnerie en pierres sèches. L'ouverture est aussi ovalaire. Pour y pénétrer on est obligé de ramper à plat ventre. La voûte n'atteint pas la roche dure, elle est formée de sable terreux. Le sol est de granite décomposé presque meuble. La paroi de l'est est formée en partie par le roc solide. Cette chambre semble se prolonger plus loin à l'ouest, mais cette partie n'est pas déblayée.

Les deux dernières chambres renferment de nombreux morceaux de briques rouges à larges cannelures, comme on en a trouvé à Coatliez en Plouescat et dans les galeries sépulcrales de Buzéré, en Plouvorn (1). Elles ne contenaient aucun autre objet, mais il y aurait lieu de fouiller le granite meuble du fond des chambres et du sol.

Il y a encore un quatrième caveau vers le sud. M. de Lécluse a pu en apercevoir le fond, mais il n'est pas possible d'y pénétrer sans opérer des déblais.

Tel fut le résultat de ma première visite.

Le 20 août 1873, grâce à la bonne hospitalité de M. de Parcevaux de Tronjoly, j'ai pu retourner à ces caveaux. Par suite d'éboulements de terre et de sable, l'entrée était à moitié bouchée, ainsi que la deuxième et la quatrième chambre. Je fis dégager l'entrée et j'arrivai à la chambre circulaire. Je la mesurai de nouveau plus exactement et j'obtins de l'est à l'ouest 2 m. 53 ; du nord au sud 1 m. 76 c.; hauteur à l'ouest, près de l'entrée, 1 m. 07 c. J'ai fouillé le sol jusqu'à la roche nue qui forme des saillies, de manière à simuler une maçonnerie sèche qui eut pu recouvrir des ossements ou d'autres objets. Je n'ai rien trouvé que de nouveaux morceaux de briques rouges à rebord et du charbon de bois.

Je n'ai pu observer le caveau du sud, aujourd'hui complètement obstrué et qui paraît se diriger sous un rocher voisin.

D^r LE HIR.
D. M. P.

---

(1) Les morceaux de brique ne seraient-ils pas des fragments d'argile formant dans le principe le revêtement de claies en bois servant de cloisons, et qui auraient plus tard pris la consistance de briques par suite de l'incendie de la grotte ? On s'expliquerait ainsi les cannelures dont ils sont marqués. — *Note de la Rédaction.*

L'assemblée décide que la relation de M. Le docteur Le Hir sera insérée *in-extenso* au procès-verbal.

L'ordre du jour étant épuisé, M. de Blois déclare la séance levée.

Le Secrétaire,

V. DE MONTIFAULT.

DOCUMENTS INÉDITS POUR SERVIR A L'HISTOISE DE BRETAGNE.

Les Bénédictins, auteurs de nos grandes Histoires de Bretagne, ont pieusement recueilli dans les chartriers où ils ont eu accès, les documents relatifs à l'histoire politique et religieuse de cette province ; mais, soit que le temps leur ait manqué, soit qu'ils n'en aient pas jugé la publication urgente, ils ont négligé les titres qui se rapportent aux arts, au commerce et à l'industrie de notre pays. Aujourd'hui les Sociétés locales s'empressent de mettre en lumière ces documents dont l'importance est de jour en jour plus appréciée. Le bureau de la Société Archéologique du Finistère a pensé qu'il ne serait pas sans utilité de donner une place dans son *Bulletin* aux rares documents de cette nature que le temps à épargnés. On pourra y joindre à l'occasion d'autres titres inédits, intéressant l'histoire générale de la même province.

R.-F. LE MEN.

I. — PANCARTE DE LESNEVEN (XV° SIÈCLE).

Ensuivent les debvoirs et coustumes deuz à mon dict Seigneur (le Duc de Bretagne) à cause des fermes du cohuage (droit de halle) dudict lieu (de Lesneven) quel cohuage se déport en plusieurs menues parcelles, combien que la baillée s'en fait par le recepveur dudict lieu en une ferme seule par checun an, et s'en payent les deniers à trois termes, savoir : le tierz à Pasques, le tierz à la sainct Michiel, et l'autre tierz à la saincte Katherine, et s'en fait la baillée par ledict recepveur audict lieu de Lesneven, la veille de la sainte Katherine.

La coustume du pain et du blé se liéve à la forme qui ensuit :

Checun boulengier ou boulengière vendant pain par détaill audict lieu de Lesneven au marché, doibt et paye par checun

jour de marché pour placzage, ung dennier, et quant il y a
foire, ledict debvoir, s'il estalle vende ou non, sauff s'il rapporte
ledict pain à ung autre marchié vérifiant que ce soit celui du
marché précédant dont il avoit payé ledict debvoir, il n'en
payera riens.

Et est ce debvoir deu outre le droit de veyrage dont ey
après sera fait meneiou en la ferme du veyrage.

De checun boesseau froment, seigle, orge et autres groz blez
exceptez l'avoine, qui sont venduz audict lieu de Lesneven,
est deu et que payent les achateurs, une obolle qu'est pour
checun deux boesseaux ung dennier, et ne se double point
ledict debvoir ès foires, ne en leurs ouictiesmes, et dudict
debvoir sont exemptz touz nobles et gens privilégiez, si c'est
pour leur provision seulement.

Item de checun boesseau avoine vendu esdicts jours de
marché audict lieu est deu de checun, douze denniers une
obolle et ne se double point esdictes foyres. Lequel debvoir se
paye par les acheteurs, fors des gens nobles et privilégiez
comme devant.

*La coustume et debvoir du fil et de la laine avecques le lin et
le chanvre qui est membre dudict cohuage se liève en la manière qui ensuit :*

Checun marchant achetant fil audict lieu de Lesneven à jour
de marché, pour checun achat de fil qui passe douze denniers
quelque nombre qu'il y ait, paye ung dennier, et par checune
foyre o leurs lundis précédent et subséquent, le double dudict
debvoir, savoir est deux deniers pour checun achat.

Et semblablement de checun achat de lin qui passe douze
denniers, est deu au jour de marché ung dennier et à jour de
foyre o leurs lundis précédant et subséquent, le double, exceptez ceulx de la ville de Lesneven et des faubourgs d'icelle
qui sont exemptz dudict debvoir, tant à jour de marchié que
de foire, pourveu qu'ils ne l'achatent pour revendre.

Et semblablement est deu pour checun achat de layne qui
passe douze denniers à jour de marché, ung dennier et le
double esdictes foyres o leurs lundis précédant et subséquent.

Et au regard du chanvre il n'y a point de debvoir pour ce
que les Cacoux (Lépreux) qui plus souvent et continuellement
les achaptent, doibvent et sont tenuz fournir de cordes à faire
les exécutions des enerimez (criminels), toutes et quante fois,
le cas ad vient audict lieu de Lesneven.

La coustume et debvoir de la férme du cuyr qui est membre
dudict cohuage se liève en la forme qui ensuit.

Checun marchant achatant à jour de marché audict lieu de
Lesneven cuir de vache ou de bœuf ou d'autre cuyr dont la
vente passe douze denniers, pour checune peau, paye deux
denniers et le double és jours de foires o leurs luodis précédent et subséquent.

Et si la vente monte ung Tacre de cuyr ouquel doibt avoir
dix paulx, ledict acheteur poyera pour ledict Tacre quatre
denniers seulement à jour de marché et le double és foires
comme devant est dit.

Et au regard du cuyr tanné, il ne doibt pour tout debvoir
que nn dennier pour placzage à jour de marchié et le double
és foires.

La coustume et debvoir de boucherie qui est membre dudict co˜
huage se liève en la forme qui ensuit :

Checun boucher estallant audict lieu de Lesneven á jour de
marché doibt pour estallage ung dennier.

Et pour checune beste qui se vend et détaillent (sic), savoir:
pour checun bœuf ou vache, mouton, brebis, chiefvre ou
bouch, porc ou truye, de checun ung dennier et le double és
jours de foires o leurs lundis précédent et subséqueut.

Excepté des veaux ou chevreaux qui ne doibveut nul debvoir
fors l'estallage seulement, qu'est ung dennier par jour de marché et le double és jours de foires comme devant est dit.

La coustume et debvoir de la grande quenoille qui est une ferme
et membre dudict cohuage se liève en la forme qui ensuit :

Tous marchans et drappiers vendans draps de couleur,
doivent par checun lundi deux denniers pour estallage seulement, et le double és jours de foires o leurs lundis précédent
et subséquent.

Et les marchans vendans toelles doibvent pour checune
piecze de toelle qui passe dix houiet aulues ung dennier et le
double és jours de foire comme devant.

Et de la toelle qui est soubz ledict numbre de dix houiet
aulnes, le debvoir en est deub à celui qui à la ferme de la petite
quenoille rapportée cy apprès.

La coustume et debvoir de la petite quenoille se liève en la
forme qui ensuit.

Tous marchans vendans drap de bureau de Guingamp, de
Jocelin et du pays, qui estallent audict lieu de Lesneven, doib-

vent de placzage pour checun lundi ung dennier et le double ès jours de foires o leurs lundis précedent et subsequent.

Et de checun achat que font lesdicts marchans des menues pieczes de bureau que les subgietz apportent à vendre audict lieu, doibvent lesdicts marchans ung dennier si c'est au jour de marché simple, mais si c'est au jour de foire ou au lundi précedent ou au lundi subsequent ils doibvent le double pour checun achat ; mais ceulx qui achetent par le mynu, draps desdicts marchans estallans, ne auxi desdicts subgietz, ne doibvent aucun debvoir à cette cause.

Item tous lingiere ou lingières vendant toelles par le mynu, qui estallent audict lieu de Lesneven à jour de marché, doibvent pour estallage et placzage deux denniers et ès jours de foires o leurs lundis précédent et subséquent, le double.

Et de checun achat de toelles qu'ils font et que soit soubz le numbre de dix houiet aulnes, ils doibvent et payent ung dennier par achat, et le double ès jours de foires comme dessus, et si l'achat monte plus de dix houiet aulnes le debvoir en est deu à cellui qui a la ferme de la grande quenoille.

Les menus droicts et les balances.

Les debvoirs et coustumes appelés les menus droits avecques les balances dudict lieu de Lesneven, se liévent sur les denrées et marchandises et en la manière qui ensuit, savoir est :

Tous marchans vendans potz de terre venants dehors l'évêché de Léon, doibvent pour checune somme ou charge de potz deux denniers ès jours de foires et les lundis pronchains précédent et subsequent.

Et ceuls de l'Evêché de Léon ne doivent que ung dennier par somme ou charge ésdits jours de foires, etc., etc.

Et ne doibvent aucun debvoir de coustume és autres jours de marché excepté seulement le droict du Veyer.

Item tout homme ou femme qui achate beurre audict lieu de Lesneven à jour de marché, ou autre jour sur sepmaine, par potz ou barates dont la vente monte plus de douze denniers, doibvent pour checun pot ung dennier, et és jours de foires o leurs lundis prouchains, comme devant est dit.

Item checun marchant vendant aulx ou oingnons doibt pour placzage à jour de marché ung dennier, et le double és foires o leurs lundis comme dit est.

Item checun marchant vendant palles de boais, bêches ferrées ou defferrées, manches à marres (houes), fourches rateaulx, coulombes, eschelles, esseulx à charettes, cyuyères à bras ou rolleresses (1), doibvent de placzage checun ung dennier à jour de marché et le double és foires comme dit est.

Et semblablement ceulx qui vendent vesselles de boais comme platz, gédes (jattes), escuelles, tréhouers, tamues (tamis), crubles, panniers et auttres semblables doibvent, pour placzage à jour de marché ung dennier et le double és jours de foires et és lundis prouchains avant et après comme devant est dit.

Et pareillement ceux qui vendent ferronnerie, comme trepiers, coignées, croqs de fer et semblables choses, doibvent pour placzage à jour de marché, ung dennier et le double és foires, etc.

Item ceulx qui achetent huges (coffres), roues de charettes, doibvent pour checune huge ung dennier et pour coupple de roues à charettes ung dennier, si c'est à jour de marché, et si c'est és foires ou és lundis prouchains avant et après, ils poyent le double.

Item tous poissonniers apportant poisson a vendre audict, lieu de Lesneven, soit au jour de marché ou sur sepmaine doibvent pour placzage ung dennier, et le double és jours de foires o leurs lundis, etc.

Et semblablement ceulx qui apportent le fruict à vendre audit lieu.

Item tous merciers qui estallent audict lieu au jour de marché, doibvent pareillement, pour estallage, ung dennier et le double comme devant est dit, ès jours de foires.

Et soulz ladicte mercerie sont comprins ceulx qui vendent fusseaux, fleustes, parchemins....., et chappelliers.

Et au regard des balances, ceulx qui y portent leurs denrées à peser, poyent pour checun cent, deux denniers.

---

(1) Il est souvent fait mention des *cyviéres rolleresses*, ou cyvières à rouelles, dans les comptes et dans les inventaires du XVe et du XVe siècle, des évéchés de Quimper, Léon et Tréguier. Cet instrument n'est autre que la *brouette* dont on a attribué à tort l'invention à Pascal. Le nom même de *brouette* figure dans un inventaire de meubles de 1510 qui se trouve aux archives départementales du Finistère. Les bretons distinguent trois sortes de civières : la civière à bras, *Cravaz daoubennec*, littéralement civière à deux têtes; la civière à roue ou brouette, *Cravaz rouellec*, et la civière à charette, *Cravaz car*, sorte de claie que l'on place en avant et en arrière d'une charette avant de la charger. C'est peut-être ce dernier instrument qui est mentionné plus haut sous le nom de *Coulombes*.

LE DOUBLE DES FOIRES, ET LE RUSQUAT (1)

La coustume et debvoir du double des foires et du Rusquat
se lève et paye en la manière qui ensuit :

Il est deu pour l'achat de checune beste vive d'aumaille
comme bœufs, vaches, moutons, chieftres ou boucs, pourceaux
ou truyes, que lon achate à jour de foire seulement, ung dennier, et ne doibvent riens à és jours de marchés, fors au
Veyer dont le rapport est cy aprés, et ne doibvent riens les
veaux ne les chevreaux.

Item pour checune beste chevalline est deu esdicts jour de
foire seulement, à cause du cohuage, quatre denniers oultre
le droict du Veyer, rapporté cy·après.

Item est deu pour l'achat de checune ruche de miel vendüe
à jour de marché pour placzage, en ce qui touche ceulx de
dehors les bonnes (limites), de la dicte ville deux denniers, et
le double és jours des foires.

Et ceulx des bonnes de ladicte ville ne poyent que demi
droict.

En la recepte de Lesneven à neuf foires. savoir :

Le jour St-André.
Le jour St·Mathieu.
Le jour Ste-Croix-en-May.
Le jour St-Eloy.
Le 1er jour d'Aougst.
Le jour de Notre-Dame-de-la-My-Aoust.

> Ces six foires dou-
> blent le jour de la
> foire, et le lundi pré-
> cedent, et le lundi
> ensuivant la foire.

Le jour de Notre-Dame-de-Septembre.

> Ceste foire ne dou-
> ble point ne au jour
> ne és ouictiesmes.

Le jour St-Michiel . . . . | Ceste foire double.

Le jour de Toussains . . . .

> Ceste foire ne dou-
> ble point és ouictiés-
> mes, mais elle se
> double au jour seu-
> lement.

Et est bien à savoir que ès foires des jours qui ensuivent
sauoir :

De St-André,
De St-Mathias,
De Ste-Croix-en-May,
De St-Eloy,
Le 1er jour d'Aougst,
Le jour de la My-Aoust,
Et le jour St-Michiel,

---

(1) Droit sur les ruches.

les debvoirs et coustumes de cohuage se doublent comme devant est dit tant le jour de la foire que au lundi précedent et au lundi subsèquent.

Et au regard des foires qui sont ès jours de Notre-Dame-en-Septembre et de Toussainctz, lesdicts debvoirs et coustumes ne doublent point.

Veyrage (1).

Le droit de veyrage qui vault par communs ans quinze livres ou environ, se lieve sur les choses qui ensuivent et se payent à deux termes savoir : la moitié à Pasques et l'autre moitié à la Toussains, savoir :

Sur checun boulengier ou boulengière, venant de dehors et vendant audict lieu de Lesneven, par checun lundi ung dennier pour havage (2) excepté sur ceulx de la ville qui ne poyent que demy debvoir, savoir est une obolle.

Sur le blé, froment, seigle, avoine et autres blez et aussi sur le lin, la laine et sur le fil, le veyer ne prétend aucun droit.

Item sur checun cuyr à poil qui est vendu plus hault que douze denniers, le Veyer prend obolle, excepté sur cuyrs de Cordoan qui en est exempt.

Item sur le droit de la boucherie prend le veyer sur et de checun porc frais vendu en détaill en la cohue (halle), dudict lieu les Nomblecz, nommez en breton Mezchiou, pour tout debvoir.

Item sur le droit de la grande quenoille, ledict veyer prend de checun drappier pour droit d'estallage ung dennier de ceulx de dehors, et de ceulx de la ville obolle.

Item prend de checune pièce de drap entier qui s'antamme à jour de marchié et de foire, ung dennier et des habitans de la ville, obolle.

Sur la petite quenoille ne prend riens ledict veyer.

Sur le droit et ferme nommé les menuz droits, soubz laquelle sont comprins les poiz de terre, le beurre, l'oignon, l'aill, le fer, le boais, le poisson et le fruict, ledict Veyer prend, savoir :

---

(1) Droit du Voyer.

(2) C'est un droit qui permettait au voyer de prendre de chaque boulanger autant de blé que ses deux mains pouvaient en contenir à la fois. Cette quantité de blé s'appelait une *havée*.

De checun potier venant dehors l'Evesché, de checune somme de potz, ung dennier par checun marché, et de ceulx de l'Evesché de Léon, obolle ;

De checun pot de beurre qui sera acheté douze denniers ou audessus, ledict Veyer prend obolle ;

De checun vendeur d'oignons ou d'aulx, ung dennier pour placzage ;

De checun vendeur de palles, besches, et de fer ouvré, pour placzage, obolle ;

De checune huge (huche) vendue à marché ou à foire ung dennier ;

De checun marchant vendant boais, comme coulombes, eschelles, esseulx à charettes, cyvières tant à bras que rolle-resses, pour placzage, ung dennier.

Et s'il y a douze rateaulx, ledict Veyer en aura ung et non aultrement.

De checune somme ou charge de manches à marres, le Ve-yer prend ung manche, le premier que luy viudra en main, et ne doibt aultrement choaisir.

Item de checun marchant vendant escuelles de boais et aultre vesselle de boais, pour placzage, un dennier.

Item de checun poissonnier vendant macquereaux, ledict Veyer prend ung macquereau.

Et de ceulx qui vendent aultres poissons, il prend une obolle pour placzage.

Item de checune somme de fruict, une havée tant qu'il peut lever o les deux mains à une fois (1).

Item prend de checun bœuf, vache, mouton, brebis, chiévre, porc ou truye qui sont vendus en ladicte ville, tant à jour de marché que de foire ou sur sepmaine, de checune beste ung dennier.

Item prend de checun cheval, jument ou poulain, vendu en ladicte ville tant sur sepmaine que és jours de marchié et de foire, quatre denniers.

Et s'il advient que on face aucune exécution de justice d'ancun malfaicteur, ledict Veyer double touz ses droits à ce-luy jour, s'il est jour de marchié ou de foire, excepté sur ceulx de la ville qui ne payent que la moictié desdicts debvoirs.

Et peut prendre des cacoux, vendeurs de cordes, toutes les cordes et chevestres (licous), qui seront nécessaires pour la-

---

(1) C'est une variété du droit de havage expliqué plus haut.

dicte exécution, ledict jour, sans en payer aucune chose pour ce que lesdicts cacoux ne payent aucun debvoir de coustume du chanvre qu'ils achatent, tant à jour de mar chésque de foires.

Et est tenu ledict Veyer bailler aux drappiers et aux lingiers et vendeurs de bureaux, une verge de mesure par checune foire, savoir : aux drappiers de drap dougiez (drap fin), une verge de l'Angevyne, et aux drappiers vendans bureaux (drap burc), et toelles, une verge de la grande mesure.

Table des droits d'entrées et d'yssues des portz et havvre de la chastellenie de Lesneven.

ENTRÉES.

Et premier : — Le Duc prend pour debvoir d'entrée de checun tonneau de vin d'Angeou, Thouars, Aulnis, Nantois et d'ailleurs de la creue hors Bretaigne trente solz.

Et pour tonneau de vin Breton quinze solz.

Et pour checun tonneau de vin mené par terre qui n'apparestra avoir esté coustumé (1) és havvres du Duc trante solz.

De checun muy de sel venant de Guerrande ou de Reuys cinq solz.

Et si ledict sel vient d'ailleurs, il doibt quinze solz par muy, s'il n'appiert par relacion avoir chargé esdicts lieux de Guerrande ou de Reuys (Rhuys).

Pour le pois de checun tonneau de fer qu'est vingt deux cents pour tonneau, l'on prend d'entrée vingt solz, et en oultre le vingtiesme dudict fer, si le marchant est forain.

Pour le poys de checun tonneau d'acier gemme ou rosine, l'on paye semblablement vingt solz, et y a vingt deux cents pour tonneau.

YSSUES.

Pour issue de checun tonneau de froment, le Duc prend trante solz.

Pour tonneau de gros blé, quinze solz.

De checun tonneau de char, poisson ou aultre manière de gresse, le Duc prend par tonneau vingt solz.

(Pris sur une copie du XVIIIe Siècle aux archives du Finistère.)

II. — ORDRE QVE LES MILICES OBSERVERONT LE LONG DE LA COSTE DE BRETAGNE, POUR L'INFANTERIE (2)

Les Milices de chaque paroisse seront assemblées par les officiers du lieu, et seront diuisées en compagnies de cin-

---

(1 Avoir payé les droits.

(2) Quoiqne ce document ne soit pas daté, on peut d'aprés le style et d'après l'orthographe, le rapporter aux premières années du XVIIIe siècle, époque de la guerre de la Succession d'Espagne qui fut si désastreuse pour la France. — *Red.*

quante hommes et commandées chacune par un capitaine, vn lieutenant, vn enseigne et deux sergents avec deux caporaux: et pour faire lesdits officiers sera choisi pour capitaine le sieur de Kernau ; pour lieutenant le sieur du Plessis et le sieur de Coadon pour enseigne ; pour sergent-major le sieur Pénanec-Mestidreu ; estans les plus experts et les plus capables pour commander les Milices, tant pour le bien du service du Roy, que pour la sûreté de la Province.

Chacune compagnie sera divisée en deux escouades, commandées chacune par un caporal.

Lesquels caporaux commanderont les soldats, chacun de son escouade, dans les corps de gardes, et poseront les sentinelles.

Chaque soldat sera armé d'vne espée, d'vn mousquet ou d'vn fusil et vne bandollière, avec les munitions nécessaires, comme poudre, balles et mesches.

Toutes les compagnies feront l'exercice, chacune dans sa paroisse, et apprendront les évolutions suivantes :

Faire à droit et à gauche,

Doubler les rangs et doubler les files.

Mais auparauant il faut qu'elles sçachent ce que c'est que rang et ce que c'est que file.

Et pour le sçauoir, les bataillons seront tousiours de trois cens hommes chacun, a six de hauteur et cinquante de front, et par conséquent il y aura six rangs et cinquante files.

Et faut que les soldats obseruent que quand ils feront à droit ou à gauche, demy tour à droit et demy tour à gauche, de tourner toûjours sur le talon du pied gauche, comme sur un piuot, et jamais autrement.

Lesquels bataillons il faudra observer de faire marcher à la file par diuisions à dix de front (plus ou moins) et à six de hauteur ; et c'est pour marcher plus commodément, veu qu'il n'est rien de plus fatigant que de faire marcher les bataillons tousiours de front, à cause que les soldats se serrent trop dans leur marche.

Les capitaines se partageront également dont la moitié marchera à la teste des bataillons, et l'autre à la queue ; les lieutenants dans les premières et dernières diuisions, et les enseignes dans celles du milieu desdits bataillons.

Et par cet ordre de marche on formera facilement les bataillons, en faisant doubler chaque division sur la gauche de
celle qui la précède.

.Lorsque les Milices entendront l'alarme, elles s'assemble-
ront en mesme temps, chacune dans sa paroisse, devant les
logis des capitaines, et marcheront après, chacune en deux
files, le plus diligemment qu'elles pourront vers le rendez-
vous à Landerneau, chaque capitaine à la teste de sa compagnie, s'ils ont des drappeaux à porter, et s'ils n'en ont point,
ils marcheront à la gauche des lieutenans, sur vn mesme
rang.

Lesquelles compagnies estans arrivées à..,, on formera aussi
tost des bataillons de trois cens hommes, chacun à six de
hauteur, comme a esté dit cy-devant.

Tout ce qu'il faut observer dans le rendez-vous, c'est qu'il y
aye tousiours un officier général pour mettre les trouppes en
bataille, et pratiquera cet ordre : s'il faut marcher en pays de
plaine, de faire la première ligne de cavalerie et la seconde
d'infanterie, et si la marche se fait dans vn pays couvert,
alors il faudra, au contraire, mettre toute l'infanterie sur vne
ligne qui marche la première, et la cavalerie sur vne autre
derrière ladite infanterie.

Et quand l'occasion se présentera de combattre, il faudra
alors entremesler les bataillons auec les escadrons, ayant toujours vn corps de réserve pour soustenir.

Il faut observer que les deux tiers des officiers soient alors
à la teste des bataillons, et l'autre tiers à la queue, afin que
ceux-cy empeschent les soldats de quitter leur rang et las-
cher le pied.

Et si les troupes en marchant rencontrent vn défilé, la première ligne passera la première, et ira se mettre après le défilé passé, dans l'ordre qu'elle estoit auparavant, et attendra
dans ce lieu là, jusques à ce que l'autre soit passée, en défi-
lant tousiours par la droite.

Quant aux allarmes, il faut observer cet ordre : que les
guets qui seront le long de la coste, quand ils verront plusieurs vaisseaux et quantités de chaloupes en mer, et que les
ennemis feront semblant de vouloir descendre, alors ils allumeront chacun un feu et tous les autres guets feront le semblable, et cela marquera que les ennemis paroissent, et qu'il
faut se tenir prest à marcher.

Que si lesdits guets voyent que les ennemis mettent pied à
terre par le moyen de leurs chaloupes, alors ils allumeront
deux feux, et tous les autres guets en allumeront deux de
mesme sur chaque clocher, et à ce dernier signal, toutes les
milices marcheront diligemment vers ledit rendez-vous géné
ral, suiuant l'ordre cy-dessus.

Et partout où il y aura des guets, on pourra y faire tenir
encore quelques hommes affectez et fort intelligents, pour
porter promptement l'aduis au général du nombre des vaisseaux et des chaloupes qui paroissent sur mer.

Que si après le premier homme parti, il arrive quelque
chose de nouueau, vn second partira ensuite pour m'en ad-
uertir.

En suite de l'alarme pour se rendre au rendez-vous général, il faut que la paroisse de..... marche si tost qu'elle aura
formé ses bataillons, dans le rendez-vous particulier, pour se
rendre au rendez-vous général qui est à.....

Et comme l'incertitude est précisément du lieu, puisqu'ils
n'en sont aduertis que par les feux, ils auront la préuoyance
de porter avec eux pour cinq ou six jours de viures, ce que
les officiers auront soin de faire exécuter avec diligence.

Pour la garde ordinaire, il faut poser vingt hommes à chaque corps de garde, de deux lieues en deux lieues, lesquels
seront relevés au bout de vingt-quatre heures par autres vingt
hommes de la mesme paroisse : et ainsi de suitte pour les autres paroisses sujettes à faire la garde en ce mesme lieu à
tour de rolle. Et comme ils destacheront des sentinelles à
droite et à gauche, s'il y a des lieux qui le méritent, il faut
obseruer que ce soit dans l'estendue au-dessous d'une lieue,
parce que le corps de garde voisin fera la mesme chose.

POUR L'EXERCICE.

PREMIÈREMENT : Il faut que le mousquetaire se tienne fort
droit, que ses talons soient vis à vis l'vn de l'autre et les pointes des pieds tournées en dehors ; après quoy il prendra le
mousquet de la main droite par la crosse, et le portera
ensuite sur l'espaule gauche, tenant le bout du canon vn
peu esleué, afin de n'incommoder pas ceux qui marchent
derrière luy.

Le bout de mesche allumé, il le portera entre le petit doigt
et celuy d'après, et le bout non allumé entre le second doigt
après le pouce et le troisiesme.

Le premier commandement qu'il faut faire :

Soldats, portez bien vos armes.

Faites couler le mousquet.

Et pour cela il fera descendre son mousquet, enuiron quatre pouces vers le nombril.

Mettez la main droite sur le mousquet.

Dans ce mesme temps, il portera la main droite sur le canon derrière le bassinet.

Haut le mousquet.

En levant le mousquet, il laschera le pied droit, et le tournera à costé.

Joignez la main gauche au mousquet.

Prenez la mesche.

Soufflez la mesche.

Et faut remarquer de soufler tousiours la mesche fort éloignée du bassinet, en tournant la teste vers la droite.

Mettez la mesche sur le serpentin.

Compassez la mèche.

Mettez les deux doigts sur le bassinet.

Soufflez la mesche.

Ouvrez le bassinet.

Couchez en joue.

Tirez.

Retirez vos armes.

Prenez la mèche et la remettez en son lieu.

Soufflez le bassinet.

Prenez le puluerin.

Amorcez.

Fermez le bassinet.

Soufflés le bassinet.

Tournez vos armes du costé de l'espée, la crosse en bas,

Prenés la charge.

Ouvrez la charge avec les dents.

Chargés.

Tirés la baguette en trois temps.

Haut la baguette.

Mettés la baguette contre l'estomach.

Mettés la baguette dans le mousquet.

Bourrés, tirés la baguette en trois temps.

Haut la baguette.

Mettés la baguette contre l'estomach.

Mettés la baguette en son lieu.

Prenez le mousquet de la main droite.

Haut le mousquet.

Mousqnet sur l'espaule.

Et faut remarquer en marchant, de partir tousiours du pied
gauche du lieu où l'on est.

Tous les dimanches et festes après vespres, l'on ne man-
quera pas de s'assembler à ..... pour y faire l'exerciee, ou
simplement, on leur fera bruler des amorces au lieu de tirer,
pour menager les munitions ; et sur tout les officiers apprendront à leurs soldats, à marcher serrez et d'vn pas égal, obser-
vant de se régler sur leur droite.

Il faut observer enfin de laisser tousious tirer son ennem
le premier, estant le plus grand advantage que l'on puisse
avoir à la guerre ; et estre fortement persuadé, que combattant
pour une bonne et iuste cause, comme celle dont il s'agit,
l'on doit exposer avec ioye son sang et sa vie, tant pour le
service de son roy, que pour le bien de sa patrie.

Il faut en dernier lieu se souvenir de m'enxoyer régulièrement à ..... le rolle du dénombrement de tous ceux qui se sont
trouvez sous les armes un tel iour. Et pour le chastiment de
ceux qui tomberont en faute, il faut les punir par la prison
et par le jeune ; et s'ils étaient après cela incorrigibles, il faudrait m'en donner advis.

Le présent Ordre sera leu tous les iours que l'on s'assem-
blera pour l'exercice, à la teste du bataillon ; et les officiers
seront soigneux d'y satisfaire, à peine d'en répondre en leur
propre et privé nom. — Signé : H. de Boyséon, capitaine général du ban, arrière-ban et garde-coste de Léon. — En

marge est écrit : Lesneven. — On lit au dos la suscription suivante : Pour Monsieur de Kernau, capitaine de Lesneven

(*Pris sur l'original imprimé sur velin, aux archives départementales du Finistère ; fonds Barbier de Lescoët.*)

Ordre du jour pour la séance du samedi 14 février. :

1. Statistique monumentale de diverses communes du Finistère, par M. Flagelle.

2. Fouilles faites par M. Amaury de Kerdrel, dans des galeries souterraines au village de Rugéré, en la commune de Plouvorn. — Notice par M. le docteur Le Hir.

Le Président,

A. DE BLOIS.

Dons offerts au Musée départemental d'archéologie.

M. JEAN, fondeur.

Un jeton en cuivre de J. Baussan, conseiller du roi.

Mᵐᵉ MARIE, de Rosporden.

Quatorze pierres de Coadri (Staurotides de Bretagne), provenant de la commune de Scaër (Finistère).

M. le docteur HALLÈGUEN, membre de la Société.

1° Un denier de Philippe-Auguste, frappé à Issoudun (1180-1223).

PHILIP.'REX. — Croix.

+ Exolduni. — Monogramme.

2° Deux deniers des sires de Donzy, frappés à Gien en Mirepoix, ou en Gâtinais. Ces deniers avec le nom de Geoffroy furent émis jusqu'en 1199, époque à laquelle Gien fut vendu à Philippe-Auguste par Hervé IV, sire de

Donzy, Gien et Saint-Aignan (fief du Berry), et ensuite comte de Nevers. (1)

✝ GOSFDUS COM. — Croix.

✝ GIÉNIS CA. — Monogramme.

3° Six deniers des comtes de Penthièvre.

✝ STEPIAN COM ET CO. — Croix cantonnée de deux étoiles.

✝ GUINGAMP. — Tête barbare de profil.

Ces neuf deniers de billon ont été trouvés en 1870, au village de Kernaou, en la commune de Cast (Finistère).

—

M. l'abbé ODEYÉ, vicaire de Crozon.

Une fronde en filet et vingt-deux pierres de fronde de la Nouvelle-Calédonie.

—

M. CRÉAC'HCADIC, notaire.

Une mesure ancienne en pierre à quatre récipients, provenant de Saint-Laurent, en Ergué-Armel.

—

M. le comte de HERCÉ.

Une mesure en pierre ayant aussi quatre récipients et provenant du manoir de Kerobezan, en Briec.

—

(1) A. de Barthelemy, *Manuel de Numismatique moderne*, p. 156.

SÉANCE DU 14 FÉVRIER.

Présidence de M. A. de Blois.

M. le Président exprime le regret que les circonstances aient retardé si longtemps les réunions de la Société. Il avait été convenu, dit M. de Blois, que nos séances suspendues pendant le mois de septembre, à l'occasion du Congrès seraient reprises au mois d'octobre. Mais en même temps qu'un accident très-grave dont je ne suis pas encore bien remis m'astreignait à un repos forcé, M. Le Men, secrétaire, qni veille spécialement à nos publications, était retenu chez lui par l'état de sa santé.

Aussitôt que votre Bureau a pu donner ses soins à une convocation, le bulletin qui devait contenir cet appel a été livré à l'impression. Mais ces feuilles n'ayant pu nous être remises en temps utile pour cet objet, la réunion de ce jour se trouve peu nombreuse. C'est ce que je verrais avec plus de déplaisir s'il nous était possible d'aborder la question de l'emplacement de *Vorganium* que M. Le Men a exactement déterminé au commencement de novembre, question que j'avais annoncé sur sa demande à notre confrère M. Halléguen devoir être mise à l'ordre du jour ; mais informé que M. Le Men, qui a des communications importantes à faire sur ce sujet, est trop souffrant pour se rendre au milieu de nous je vous propose de renvoyer cet ordre du jour à quelqu'autre séance.

M. Halléguen est d'avis qu'il n'est pas nécessaire d'attendre M. Le Men pour traiter cette question, et il insiste pour qu'elle soit immédiatement discutée.

La proposition de M. Halléguen mise aux voix est repoussée.

M. le Président prend ensuite la parole :

1° Pour proposer tant en son nom personnel qu'en celui de ses collègues membres du Bureau, la nomination de M. Surault, inspecteur d'académie, qui désire être admis dans la Société.

2° Pour faire une communication relative à une fouille à laquelle il prit part il y a treize ans.

Fouilles du tumulus de Porz-Carn dans la commune de Penmarc'h (Finistère.)

Cette exploration avait lieu au mois de septembre 1861, par les soins de notre honorable confrère M. du Chatellier, sur les grèves de Penmarc'h. Il en a été rendu compte dans le temps ; mais quand des faits de ce genre ne sont pas enregistrés dans des recueils archéologiques, il y a grand danger qu'ils soient perdus pour l'étude. Vous m'excuserez donc de revenir sur ce sujet : je serai d'ailleurs très-court.

Tout le monde dans ce pays connaît les rivages de Penmarc'h et la chapelle de Saint-Guénolé, qui s'élève sur une pointe entre le village de Kerity et les rochers qu'on appelle la Torche. Près des lignes de retranchement qui servirent naguère à la défense de cette pointe et dont le sillon garde encore un mètre d'élévation dans quelques parties, on voit non loin d'une tombelle plus petite, un tumulus d'environ six mètres de haut sur un diamètre de plus de trente mètres. La fouille opérée sous nos yeux, a fait rencontrer à un mètre au-dessous du sol adjacent la chambre ou cellule de ce tumulus. Elle dessinait une circonférence irrégulière, dont la courbe se redressait au point de sa jonction avec la galerie qui se développait pour y donner accès du côté de l'orient. Cette galerie, mieux conservée que la cellule, avait un mètre de large, un mètre et demi de haut et trois mètres environ de longueur, son plafond formé de trois pierres d'épaisseur, s'appuyait sur trois autres pierres brutes verticales, dont les interstices étaient remplis de moellons. Quant à la cellule ou caveau, on n'y rencontra que des vestiges d'une disposition semblable à celle que nous venons de remarquer dans la galerie. Les pierres qui servaient de plafond avaient été enlevées, ce qu'aurait pu faire présumer une dépression extérieure observée au sommet du cône. Il ne restait plus qu'une des pierres verticales qui avaient dû supporter celles du plafond. Les terres qui avaient encombré la cellule une fois dégagées, nous pûmes reconnaître qu'elle était bordée d'un muret grossier en pierres sèches d'un mètre et demi de haut. Toutes les traces de sépultures avaient été anéanties dans la précédente exploration. Nous n'y trouvâmes que quelques fragments de poterie noire, grise et rouge, qui bien que sans ornement, nous parurent de fabrication romaine, quatre pointes de flèches en fer formant un lozange, monté sur une douille longue de sept centimètres, deux monnaies romaines en moyen bronze endommagées, et une troisième de l'Empereur Constantin Ier, avec cette légende bien connue : Honos exercitus.

Il y a lieu de croire que le monument funéraire que l'on vient de décrire avait été élevé à la mémoire de l'un des soldats ou officiers de la milice du Tructus Nervien et Armoricain qui étaient cantonnés dans ces quartiers pour la défense du littoral contre les invasions de la frontière du Nord (1).

Après cette communication M. de Montifault donne lecture de la note suivante de notre confrère, M. le docteur Le Hir, de Morlaix.

FOUILLES FAITES PAR M. AMAURY DE KERDREL DANS DES GALERIES SOUTERRAINES SÉPULCHRALES AU LIEU DE RUGÉRÉ, PRÈS KERUZORET, EN LA COMMUNE DE PLOUVORN (Finistère).

Au mois de janvier 1870, au niveau d'une flaque d'eau existant dans l'aire de Rugéré, une gerçure du sol avec effrondement se fit sous une charette, et le fermier ayant vu l'eau disparaître, élargit l'ouverture à l'aide d'une pelle, et on vit apparaître une cavité profonde dans laquelle un homme put descendre; cette chambre souterraine, de forme assez irrégulière, et désignée en A sur le plan, était creusée dans un micachiste jaune un peu décomposé, et c'était la voûte creusée dans ce micachiste et de forme sphérique qui s'était écroulée.

Le premier appartement, assez haut, avait accès sur deux

---

(1) Les objets provenant de cette fouille, ont été offerts au Musée départemental, par M. du Chatellier, au nom de la Société française d'Archéologie. Ils consistent en : 1° Une hache en pierre d'assez petite dimension ; 2° des fragments de vases en terre extrêmement grossière, et certainement faits sans l'aide du tour ; 3° des débris de vases en terre brune et fine faite sur un tour et ornés vers le haut de la panse de groupes de cupules qui dessinent chacun dans son ensemble un demi rond ; ces débris de vases indiquent un travail de la population indigène; 4° des fragments de vases en terre samienne de fabrication romaine ; 5° treize pointes de flèches ou de javelines en fer dont plusieurs se sont dilitées depuis, sous l'action de l'humidité ; 6° deux moyens bronzes romains dont l'un est de Trajan, l'autre est fruste ; 7° Enfin un petit bronze bien conservé de Constantin le Jeune, portant d'un côté la tête de l'Empereur tournée à droite avec la légende : CONSTANTINUS IVN. NOB. C. On lit de l'autre côté : HONOR EXERCITUS, et l'on voit dans le champ, deux enseignes portées par des soldats romains.

Il résulte clairement de cette énumération que ce tumulus renfermait des sépultures d'époques différentes. En le visitant il y a deux ans, je trouvai dans la cavité formée par les fouilles de M. du Chatellier, et qui correspondait à la chambre centrale, un assez grand nombre de pierres destinées à servir de meules à broyer le grain.   R.-F. L. M.

ouvertures, l'une d'elle B, haute seulement de 1 mètre sem-
blait avoir été fermée par une porte qui avait laissé dans
le schiste comme la marque de gonds, et qui s'appuyait par
le bas, sur un simulacre de seuil. En rampant sur les mains,
on pouvait s'engager dans ce couloir. On distingua d'abord à
droite une niche N, un peu semblabe à celles où les paysans
bretons mettent leurs cruches. Puis, le couloir s'élargissant un
peu, sans s'élever. on vit à droite et à gauche deux petits
bancs B et B', taillés dans le micachiste. Le souterrain se terminait en F par un éboulement. En revenant par la porte B,
on trouva sur la parois droite du couloir une nouvelle ouverture presque en face de la niche N, ouverture par laquelle on
pénétra dans une seconde chambre E, plus petite que la première ; elle a 2 mètres de diamètre sur 1 mètre 80 de hauteur, mais taillée toujours dans le micachiste en calotte sphérique très-régulière. Cette salle avait une autre issue en K, qui
donnait sur une petite voûte basse par laquelle on se trouvait
en D dans le premier appartemeut découvert. Les voûtes des
deux salles étaient constellées de petits trous, percés à l'aide
d'une tarrière (évents), et qui semblaient destinés à aérer le
souterrain. Tel était l'état du monument lors de la première
exploration, sauf les terres qui avaient été jetées dans la première chambre pour débarrasser l'autre, et de cette pemière
chambre à l'extrémité par la voûte écroulée.

C'est alors que je fis ma première visite. Je remar-
quai parmi les terres jetées au dehors, des fragments de
charbon de bois, de briques à crochets (1) et des fragments de
poteries noires, qu'on remarquait aussi dans les deux galeries
voutées, creusées dans le micachiste en K et en F, et qui é-
taient remplies de pierres, de terre et de débris ; je pénétrai
à plat ventre jusqu'en F, et où on avait au-dessus de soi une
voûte et des évents ; depuis , M. de Kerdrel a continué les
fouilles.

Il ouvrit une tranchée extérieure, juste au-dessus de l'endroit où l'éboulement présumé terminait l'accès du couloir en
F. Après avoir enlevé la partie supérieure des terres , il ne
tarda pas à rencontrer des fragments de briques et de charbon, puis des tessons de vases d'une poterie rougeâtre , très-
fine, ornée d'un filet rouge assez large ; aussi plusieurs armes, des bouts de flèches et de lances en fer , enveloppés, de
morceaux d'os calcinés ; enfin des ossements d'hommes et d'a-

---

(1) N'étaient-ce pas plutôt des fragments d'argile canneles ? Aucun
des objets provenant de cette fouille que j'ai vus n'est de travail romain.

R.-F. L. M.

nimaux calcinés eux-mêmes; dans cette partie du monument il ne trouva que les fragments du même vase, assez considérables, pour voir que ce vase était à large panse, et en voir le dessin, mais il en existait seulement la moitié et il a fallu en coller les morceaux. Après avoir délogé les terres jusqu'au sol, il trouva la continuation de la galerie en H, mais ici le couloir se relevait rapidement vers le sol. En faisant la tranchée F H, il reconnut que la voûte schisteuse avait été rompue des deux côtés presque régulièrement; était-ce un éboulement ? M. de Kerdrel croyait plutôt qu'on y avait fait un puits où ont été jetées pêle-mêle les urnes et les terres avoisinantes.

M. de Kerdrel a porté ensuite ses recherches sur la galerie D S, dont l'accès était bouché par une glaise rapportée. En remuant cette terre, il trouva de nouveaux tessons de vases , mais ici il y avait plusieurs urnes : l'une d'elles plus fine que les autres est recouverte d'un vernis noir avec filet, c'est plutôt un enduit qu'un vernis. En creusant toujours dans cette galerie, un coup de pioche finit par perforer le sol extérieur , et on remarqua qu'il n'y avait plus en cet endroit de voûte , ni de souterrain. Cet endroit était rempli de débris funéraires; les fragments de vases se trouvaient sans ordre, à distance les uns des autres , quand on les rencontrait. Au milieu de la glaise, il a rencontré des cavités remplies de cendre fine et noirâtre , plusieurs fonds de vases où les cendres étaient encore accumulées et adhérentes, beaucoup de débris de briques cannelées, des extrémités de lances ou de dards en fer, mais aucun de ces objets ne s'est rencontré dans le souterrain proprement dit. Il y avait aussi un *peson* ou *fusaïole* en poterie noire semblant annoncer une sépulture de femme.

Dans l'intérieur de la ferme de Rugéré, des fouilles commencées, mais qui n'ont pu être continuées, annonçaient que la sépulture se continuait sous la maison.

Conclusions : L'âge de ces galeries sépulcrales est le gallo-romain. L'entrée du souterrain n'est pas encore connue. Des animaux ont été enterrés avec l'homme ; il y a eu calcination des os. Les os d'animaux ne sont pas encore connus relativement à l'espèce. La sépulture a servi a plusieurs personnes. Il n'y a aucune urne intacte. On y enterrait des hommes et des femmes. Les urnes brisées ont dû être enfouies hors des galeries avec de la terre et des pierres, probablement lorsqu'elles devaient faire place à d'autres morts. Mais pourquoi ces deux chambres intérieures qui ont été trouvées vides ?

La disposition de ces deux chambres, avec chacune sa galerie, et situées latéralement l'une à l'autre en sens inverse est singulière ; la chambre avec sa galerie rappelle les habitations et les sépultures des Lapons et Esquimaux (1).

D^r LE HIR,

D. M. P.

M. Audran a la parole pour donner à l'Assemblée connaissance de différents actes de son étude qui ne remontent qu'au commencement du siècle dernier, mais qui lui semblent très curieux et de nature à intéresser les membres de la société.

Il s'agit d'un procès qui a duré de 1703 à 1740, entre les seigneurs et le curé de la paroisse de Moëlan.

Les seigneurs de Moëlan étaient en possession du droit de se faire présenter par le curé, à la grand'messe du jour de Pâques, une paire de gants. De plus le curé devait faire au prône de cette messe des prières nominales pour les seigneurs de Moëlan.

En 1703 le curé se refusa à accomplir ces obligations. Ce refus engendra le procès.

Voici le texte de deux de ces pièces, la première et la dernière, qui résument parfaitement le litige.

Nous soussignans notaires royaux et appostoliques de la Cour de Quimperlé, certifions nous être ce jour de samedi septième d'Avril mil sept cent trois, sur le mandement qu'avons eu de la part de dame Louise Du Pou, dame douarière du Fresque, héritière bénéficiaire de messire Allain Dupou, chevalier seigneur de Quermoguer, son frère, transportés de nos demeures, que faisons audit Quimperlé, jusqu'au manoir du Quermoguer, paroisse de Moellan, dont est propriétaire ladite dame et où elle est demeurante; où estant, ladite dame nous a donné à entendre, que de tout temps immémorial à chaque dimanche de Pasque, le Recteur ou autres prestres de ladite paroisse de Moellan cellebrant la grande messe dominicalle en la dite Eglise paroisse, après avoir dit l'epistre, se tourne vers le banc desdits Seigneurs du Kermoguer, qui est près le grand autel de ladite Eglise, et leur présante une paire

---

(1) Une partie des débris de poterie, provenant de cette fouille, et un modèle en terre de la galerie souteraine de Rugéré ont été donnés au Musée départemental d'archéologie par MM. de Kerdrel et le docteur Le Hir.

de gants, et que ledit cellebrant est tenu de faire les prières
nominales, pour les Seigneurs du Quermoguer en qualité de
fondateurs de ladite Eglise, cimitière et maison recteurialle,
et a de bons titres au soutient ; qu'elle a faict connoistre cela,
à missire Marc Du Bois, àprésant recteur de ladite paroisse de
Moellan, et lui a faict offre d'aparoistre et faire voir les titres
concernant ce droit pour les lire et considérer, affin qu'il n'en
eust ignoré, et qu'en conséquence de ce, elle l'a requise de lui
continuer ce droit comme ont faict au passé ses prédécesseurs,
estant question d'une rente de sens (cens) et cheffrante, faute
de présantation de laquelle les seigneurs du Quermoguer
represantés par ladite dame sont en droit d'exécuter et prendre par eux mesme le Missel de sur le grand autel, outre qu'il
y a une amande de mil écus d'or, applicable au profit de Sa
Majesté, en cas d'inscistance , trouble ou empêchement, suivant les mesmes titres, à quoi ledit sieur recteur lui a repondu
qu'il ne vouloit pas ni voir lesdits titres , ni faire ladite présantation de gans ; de plus ladite dame nous a dit que depuis
elle a fait voir les titres de ce droit par le sieur Le Belliguet ,
son chapelain, au sieur Leguiffant, notaire royal, de l'ordre dudit sieur recteur le cinq de ce présant mois en l'étude de Me
Simon l'un de nous dits notaires, dont ledit Guiffant promist
d'en donner avis et connaissance audit sieur recteur, ce qu'il
a fait ; c'est pourquoy ladite dame nous a dit nous avoir man-
dés pour demain jour de dimanche de Pasque lui raporter
acte de ses protestations, au cas que ledit sieur recteur , ou
celui qui cellebrera la grande messe, fasse refus de lui présanter les gans, et faire les prières nominalles , au désir de
ses titres. Continuant nostre commission ladite dame s'est,
en compaignie de nous dits notaires, transportée ce jour de
dimanche de Pasque, huictième Avril mil sept cent trois, jusques dans le cimittière de la dite paroisse de Moellan , où estant sur les sept à huict heures du matin , et parlant audit
sieur recteur dans ledit cimittière, nous dits notaires lui a-
vons faict sçavoir le sujet de nostre commission ; il a répondu
qu'il n'en ignorait pas , et lui ayant demandé ou il diroit ou
feroit dire la grande messe de la paroisse, sur la connaissance
qu'on a eue que la grande messe se devoit dire dans la chapelle de Saint Roc, il a répondu qu'il n'en sçavoit encore
rien, et sur les neuff heures, ayant ouy chanter dans l'Eglise,
nous y avons entré et avons veu ledit sieur recteur en chape
qui entonnoit l'hime *Vuidy aquam*, etc. (sic) et ensuite ayant
commancé a faire la procession et chanter l'hime *O filii* etc.,
il a cessé et interrompu pour anthonner le *Pange lingoua* etc.,
a pris le saint ciboire et continué la procession jusque dans le
cimittière, et a détourné pour aller à ladite chapelle de Saint

Roc, suivi de ladite dame, de nous et des paroissiens ; et estant rendu en ladite chapelle, nous dits nottaires avons veu et remarqué, ainsi que lesdits paroissiens, que le maistre autel estoit tout nud, sans pierre sacrée, nape, missel, sierge, crucifix, vases ni fleurs, en sorte que ledit sieur recteur a esté obligé de tenir le Saint ciboire près d'un quart d'heure en main, et de chanter d'autres himes en attendant mestre la pierre sacré, napes et autres ornements pour cellébrer la grande messe, qui a esté dite sens crucifix sur l'autel, vasses ni fleurs ; et après que ledit sieur recteur a dit l'Epitre, s'est présanté Jan Fouesnant, fabrique de l'Eglise paroisse, qui a, en nos présances mis une paire de gants de cuir brun sur le bout du grand autel du costé de l'Espitre, en disant au sieur recteur cellébrant la grande messe « *Voisy les gans pour estre par vous présantés à la dame du Fresque.* » A l'instant nous dits nottaires avons requis et interpellé ledit sieur recteur de présanter à ladite dame estant en un banc près le grand autel, ladite paire de gants que nous lui avons faict voir du doigt à l'œil ; ce que ledit sieur recteur a refusé faire, disant que ladite dame n'avoit aucun droit en ladite chapelle, où il disait la grande messe, suivant la permission de Monseigneur de Quimper, et que ladite dame ayt à déposer ses titres au greffe et qu'il les voiroit.

Ladite dame a répondu audit sieur recteur par nous dits nottaires, qu'il ne devoit pas ignorer son droit, qu'elle a faict offre plusieurs fois de lui faire voir ses titres, qu'elle n'est pas obligée de les déposer au greffe, qu'elle a droit en ladite chapelle, y ayant chapelle prohibitive et vitre armoiriée des armes des Seigneurs du Quermoguer; que c'est par surprise s'il a obtenu cette permission qu'il dit avoir de Monseigneur de Quimper de dire la grande messe dans ladite chapelle de saint Roc contre toutes les règles, ne devant pas estre dite au jour de Pasque hors l'Eglise paroisse, et que ce qu'il en faict n'est que par une affectation et pour frustrer ladite dame de son droit, et que cela faict assés connoistre qu'il n'ignore pas de ses titres ; et en l'endroit du prosne de ladite grande messe, faict par Messire Pierre Meuredeau, prestre et curé de ladite paroisse, nousdits nottaires, de la part de ladite dame, avons requis et interpellé ledit sieur recteur et ledit sieur curé de faire les prières nominalles pour les Seigneurs du Quermoguer, en qualité de fondateurs de ladite Eglise parochialle de Moellan, cimittière et maison presbitéralle, comme ils sont tenus de faire, ainsy qu'ont faict leurs prédécesseurs.

A quoy ledit recteur a répondu comme dessus, que ladite dame n'a aucun droit en ladite chapelle, et, se tournant vers ses prestres, il leur a dit d'un air de mépris : « *qu'ils disent les prières s'ils veulent,* » et a ledit sieur curé continué et fini le prosne, sans que les autres prestres ni ledit sieur recteur ayt fait lesdites prières nominalles.

De tout ce que dessus ladite dame du Fresque et du Quermoguer a requis acte de nous-dits nottaires, que lui avons octroyé pour valoir et tenir comme apartiendra, sous son seign et les nostres. Signé Louise Dupou, Simon et Le Briat, notaires royaux.

En l'endroit ledit sieur recteur a déclaré qu'il n'avoit à débatre aucunement les droits de madame du Fresque, mais qu'il est inouy qu'un prestre ou recteur intéromput le Saint Sacrifice de la messe sans avoir aucune connoissance ni veu aucun titre des prétendus droits, le jour le plus solennel de l'année, et quitta l'autel avec tous les ornements sacerdoteaux, comme pour aller sacrifier au Seigneur et demander à Dieu les lumières du Saint-Esprit, pour aller chercher dans une église une dame, lui faire la révérance et lui présanter une paire de gants; ne pouvant croyre que ce prétendu droit, estant tout à fait impie et opposé à nostre religion et contre le ministère d'un prestre, ne soit une usurpation contre l'Eglise, ladite dame ne les ayant jamais demandé ni prétendu pendant quatorze ou quinze ans que feu monsieur le Marquis du Pontcallec a esté recteur; desquels titres il demande la communiquation, et offre, passé de ce, à faire ce qu'il jugera à propos, et déclare n'avoir donné aucun ordre audit Guiffant de voir lesdits titres ; et quand à la procession qu'il a fait à Saint Roc, et que ladite dame a trouvé à redire de ce qu'il n'y avoit ni napes, ni croix, ni fleurs, ni poteau, que dans le temps que le Saint Ciboire est à l'autel, il n'est pas besoing d'autre croix, et qu'on a cellebré la messe avec toutes les choses nécessaires, par la permission de Monseigneur de Quimper, conséde le 5 avril 1703, que il a aparu en l'endroit, et qu'il ne croit pas qu'il ait rien manqué pour le sacrifice de la messe et a signé sa déclaration. Signé : M. Duboys, recteur de Moëlan.

A aussy en l'endroit comparu ledit sieur Guiffant, lequel a déclaré qu'il est vray que jeudy dernier il vit chez ledit sieur Simon, quelques pièces touchant lesdits droits et plein un sac d'autres papiers, qu'on disoit estre aussy touchant lesdits droits, et que ce n'est pas cependant de l'ordre dudit sieur recteur, ne lui en ayant jamais parlé, et a signé: Le Guiffant.

Ledit sieur Le Belliguet présant à la dernière réponce dudit sieur recteur, a demandé audit sieur recteur s'il continueroit à faire ses fonctions dans son église paroisse, comme il a fait depuis que ledit sieur recteur y est, voiant que ledit sieur recteur le menaceoit de parolle; ledit sieur lui a répondu que non, et qu'il lui deffendoit de faire lesdites fonctions à l'advenir en son église, et que mesme il lui feroit sortir de l'évêché de Quimper, disant qu'il n'en estoit pas; de quoy ledit sieur Le Belliguet nous a requis acte en la présance dudit sieur recteur, n'estant qu'une recrimination du chagrin qu'il a contre ladite dame du Fresque, eomme estant son chapelain et a signé: Alexis-Joseph Le Belliguet, prestre.

De la part de ladite dame a esté dit que la dernière réponce dudit sieur recteur et la déclaration dudit Le Guiffant, qu'il a appellé à son secour après la cloture de ladite sommation, sert encore davantage à sa conviction, puisque ledit Guiffant convient qu'il a veu les titres de ladite dame, et qu'il n'a pas eu assez de hardiesse pour soustenir qu'il n'en avoit pas instruit ledit sieur recteur son nottaire ordinaire et intime amy; il s'est seulement contenté de dire, croiant soullager ledit sieur recteur, que ce n'estoit pas de son ordre; mais il n'est que trop vray que hier s'en retournant de Quimperlé de compagnie avec lesdits nottaires, il leur déclara qu'il en avoit assez dit audit sieur recteur au sujet desdits titres, qu'il avoit veus et leus; qu'il croioit que cela ne venoit pas dudit sieur recteur, qui estoit trop aheurté dans son sentiment; la reponce dudit sieur recteur le fait assez connaître, estant forcé de convenir de ce droit, mais pour excuser sa turbitude, il dit qu'il est inouy que ce droit puisse subcister, qu'il est impie et opposé à nostre religion et contre le ministère d'un prestre, qu'il aille chercher une dame dans une église, et lui faire la révérance et que c'est une usurpation. C'est où paroist la passion, l'animozité et la vanité dudit sieur recteur plus que son prétendu zéle, parceque le banc de la dite dame est près et joignant le balustre du maistre autel. Il semble plustost que ledit sieur recteur veille contester formellement les droits de ladite dame après en avoir convenu, et c'est en quoy il se contredit à touts moments par sa variété. C'est donc avec raison qu'on a d'abord dit, que il avoit surpris de Monseigneur de Quimper, la permission de dire ce jour la grande messe à la ehapelle de Saint Roch, sur une suposition qu'il a fait, disant que l'église paroisse estoit en très grande indigence de réparation, qu'il y avoit du hasard, et qu'on n'y pouvoit cellebrer la messe en seureté de la vie; aussi ledit sieur recteur n'a-t-il pas ozé le soustenir ni l'avancer par ses réponces cydessus, puisque touts les prestres de ladite paroisse de Moellan au nombre de six, ont dit leur messe ce jour en ladite Eglise paroisse, où ledit sieur recteur a donné la communion et chanté des services et faict d'autres fonctions, jusqu'au commencement de la procession que son caprice l'a porté à s'acheminer à ladite chapelle en très mauvais estat, les autels toutes nuds, et que l'église n'avoit pas esté ballaiée ; non seulement cela, mais l'évangile ne fust point chanté, et, contre toutes les règles, il donna la communion à plusieurs paroissiens dans ladite chapelle, ce qui ne lui avoit pas esté permis par l'expédition de sa requeste, et ce qu'il ne devoit pas faire le jour de Pasque, que dans l'églisse paroisse, comme il faict ce matin jusqu'au commencement de la procession. Toutes ces remarques ne se font que pour faire connoistre d'abondant le trouble et le chagrin dudit sieur recteur contre ladite dame, sans lui avoir donné la moindre occasion, non plus que son chapelain auquel il vient de marquer son chagrin par récrimination contre ladite dame, qu'enfin depuis qu'il est recteur de ladite paroisse, il a toujours cellebré festes et dimanches la grande messe dans l'églisse paroisse, qui est beaucoup en meilleur ordre et en laquelle on est plus en seureté qu'en ladite chapelle de Saint Roch, n'y ayant de tout point de hasard, comme il a suposé à Monseigneur de Quimper pour le surprendre, comme il l'a faict, pour fruster ladite dame de ses droits honorifiques et a signé : Louise Dupou.

De tout ce que dessus, le requérant ladite dame, avons raporté le présant acte et d'icelui laissé copie audit sieur recteur de Moellan sous le seigne de ladite dame et les nostres. Signé: Louise Dupou ; Le Briat et Simon, nottaires royaux.

Plus bas est écrit : Controllé à Quimperlé le onze avril 1703 ; reçu cinq sols. Signé : L. Chardel.

Scellé à Quimperlé le 22me avril 1703 ; reçu six sols. Signé : L. CHARDEL.

Nous, soussignés, notaires royaux hereditaires de la Sénechaussée de Quimperlé apostoliques au Diocéze de Quimper, demeurans separément audit Quimperlé, rue du Chateau, paroisse de Saint Colomban, nous nous sommes sur le mandement qui nous a eté fait de la part de noble demoiselle Marguerite Perine Eudo de Keronic, Dame proprietaire de la terre et seigneurie du Kermoguer, en la paroisse de Moalan et des terres et seigneuries de Locmaria, Laboullaye, Le Plessis, Keriequel et autres lieux, demeurante ordinairement en ladite ville de Quimperlé, paroisse de Saint Colomban, et de present en sa maison de la dite seigneurie du Kermoguer, dite paroisse de Moalan, exprès transporté de nos dites demeures cejour de samedy seisieme avril veille de pasque mil sept cens quarante, jusques a ladite maison du Kermoguer, où nous avons logé ; et le lendemain dixseptième dudit mois d'avril qui est le dimenche du saint jour de pasque, nous nous sommes, à la

requête de ladite demoiselle de Keronic et en sa compagie, ex-
prés transporté dudit manoir du Kermoguer jusques au bourg
paroissial de Moalan, d'ou nous nous sommes rendus á l'E-
glise paroissiale environ les dix heures du matin pour y
assister à l'office divine et etre presens a la presentation et
prestation de la redevance seigneuriale et honorifiqne d'une
paire de gands, que le recteur ou le celebrant la grande messe
parroissiale de Moalan est tenu et obligé de presenter annuellement a chacque jour de pasque entre l'Epitre et l'Evangile
de la messe, au nom des paroissiens, aux seigneurs proprié-
taires de la dite terre et seigneurie de Kermoguer, lors qu'ils
y assistent, et que le fabrique a coutume do mettre annuellement sur l'autel pour leur etre presentée audit cas d'assis-
tance a la grande messe, et aussy pour etre presens aux prieres
nominales que ledit recteur ou celebrant la messe est tenu
faire pour les dits seigneurs de Quermoguer, fondateurs de
l'Eglise paroissiale, cimetière, maison presbyteriale et ses dé-
pendances de cette paroisse de Moalan, suivant les anciens titres de la dite seigneurie, le contrat d'ecquêt et la prise de
possession de ladite terre et seigneurie faits per Messire Joseph
Eudo, vivant Chevallier seigneur de Keronic, conseiller au
Parlement de Bretagne pere, de ladite demoiselle de Keronic,
sentence du présidial de Vannes et arret de la cour confirma-
tif d'icelle des vingt-quatre septembre mil sept cens cinq,
onze fevrier et dix huit mars mille sept cens huit, rendus contre missire Marc du Bois, alors recteur de ladite paroisse at-
tendu son insistance a s'acquitter de ladite redevance seigneuriale, et signifiée au sieur de Lafruglais, son successeur, Recteur de ladite paroisse ; au refus de laquelle redevance lesdits Seigneur du Kermoguer sont en droit de saisir et prendre
par eux-même le missal desus le grand autel, et est encore
deub une amande de mil ecus d'or au profit de sa majesté ; et
a été reconnu par ledit sieur de Lafruglais, representé par missire L'allemant, son curé, qui a presenté ladite paire de gands
audit seigneur de Keronic, ainsy qu'on en avoit toujours usé
auparavant avant l'insistance du sieur du Bois ; ainsy que le
justifie la sommation et le procès-verbal des notaires de notre
dite cour du cinq avril mil sept ceus onze, controllé le huit dudit mois ; et ladite demoiselle de Keronic s'étant placée dans
son banc joignant, du coté de l'Epitre, le balustre du maître
autel, venerable et discret missire Yves Morvan, pretre sieur
Recteur de ladite paroisse de Moallan, a commencé la messe,
et, après l'Epitre dite et avant l'Evangile, est descendu de l'autel, et a presenté a mademoiselle de Keronic un paire de gans
de cuir jaune qu'elle a reçue ; aprés quoy ayant continué la
messe, et rendu a la poste Communion, ledit sieur recteur a

fait le prone, et a nommé, lors des prières pour la noblesse, specialement la demoiselle du Kermoguer. De tout quoy nous auons après la grande messe finie, rapporté le présent acte sous les seings dudit sieur recteur et de ladite demoiselle de Keronic, et les nôtres, et laissé copie audit sieur Morvan, recteur, ledit jour et an. Signé : Y. Morvan, prêtre recteur ; Marguerite Perine Eudo de Keronic ; Briat et Simon, Notaire royal.

Plus bas est écrit :

Controllé à Quimperlé le présent acte sans renvois le 21 avril 1740 R. douze sols. GUYOT.

Cette lecture intéresse vivement l'Assemblée qui remercie M. Audran et le prie de faire, dans ses archives, de nouvelles recherches sur les droits seigneuriaux et notamment sur les droits qu'avaient les seigneurs de faire placer dans les chapelles des églises un certain nombre d'armoiries de leurs familles ou de leurs alliances. Cette recherche permettrait de déterminer d'une manière plus précise les époques de transmissions des fiefs et les dates auxquelles ils ont passé d'une famille à une autre.

M. Duval dit que les anciennes familles nobles tenaient beaucoup à ces prérogatives dans les Eglises, quoi qu'elles n'eussent souvent qu'une valeur insignifiante. On lui a raconté que M. de Beaucourt, propriétaire fort riche habitant Paris avait fait don, il y a environ quinze ans, à la commune de Saint-Nicolas de Bothoa (Côtes-du-Nord), d'une vaste chapelle qui lui appartenait et qui devait être érigée en église paroissiale. Mais, il ne voulut consentir cette donation qu'à la condition expresse que chaque année, la fabrique de la nouvelle église lui ferait don d'un *peloton de fil*.

Cette condition, comme on le pense, fut acceptée.

M. Duval pense qu'autrefois la famille de Beaucourt était en possession de ce droit, et que son descendant a voulu le faire revivre en mémoire de la donation qu'il faisait, et sans doute aussi en mémoire d'autres donations faites par ses ancêtres.

M. Faty dit que la comtesse de Ludre était en possession du droit de se faire encenser personnellement par le célébrant à son banc seigneurial, et que le curé, s'étant un jour refusé à l'accomplissement de ce cérémonial, elle l'y avait fait contraindre par ses supérieurs ecclésiastiques.

Personne ne demandant plus la parole, M. le Président lève la séance à 4 h. 1⁄2.

Le Secrétaire,

V. de MONTIFAULT.

Nota. — Diverses circonstances obligent le bureau de la Société à remettre à la fin du mois d'avril, la prochaine séance. Un avis adressé à chacun des membres de la Société fera connaître ultérieurement la date exacte de cette réunion.

Ordre du jour de la prochaine séance.

1. Election de M. Surault.

2. Statistique monumentale de diverses communes du Finistère, par M. Flagelle.

3. Mémoire sur les antiquités de Ploudalmézeau, par M. Arzel, ancien curé de cette paroisse.

4. L'Oppidum de Vorganium, par M. R.-F. Le Men.

5. Projet d'une nouvelle classification des monuments historiques du Finistère.

Le Président,

A. de BLOIS.

Dons offerts au Musée départemental d'archéologie.

M. le comte de Quélen, membre de la Société.

Un bas relief en albâtre du XVe siècle, représentant un roi et une reine, ou un duc et une duchesse, debout sous des arcades ogivales. Ce bas relief, qui a malheureusement beaucoup souffert des injures du temps, est d'un excellent travail. Il provient peut-être d'un rétable d'autel. Il a été donné à un membre de la famille de M. le comte de Quélen, par des marins de Douarnenez. Ces albâtres paraissent avoir été fort répandus dans les églises du littoral du Finistère. Il y en avait jadis un grand nombre dans celles de Penmarc'h, et l'église de Roscoff en possède encore quelques-uns qui sont dans un remarquable état de conservation.

M. Joseph de Jacquelot, membre de la Société.

Un vase péruvien muni de trois pieds et d'une anse représentant une tête humaine grotesque.

Quatre haches en bronze à ailerons, dont une est remarquable par la largeur de son tranchant.

Trois médailles en bronze.

M. Xavier de Blois, membre de la Société.

Une hachette en pierre de 55 millimètres de longueur, percée d'un trou rond à son sommet, trouvée dans le parc du château de Poulguinan.

Le musée possède deux haches en pierre, l'une provenant du même parc, l'autre trouvée, il y a quelques années, dans l'Odet en face de Poulguinan. Une troisième hache a été trouvée dans la même rivière et dans la même situation. Il est hors de doute qu'un établissement gaulois a existé à Poulguinan, avant l'établissement romain dont les ruines se remarquent encore sur plusieurs points de cette propriété.

Souterrain de la Tourelle, près Quimper.

On lit dans le dernier fascicule de l'*Indicateur de l'Archéologue* publié par M. de Mortillet :

En archéologie les descriptions sont excellentes, mais les représentations valent encore mieux. Il faut donner autant qu'on peut des planches et des figures. Les moindres objets, quand ils sont bien étudiés et surtout bien reproduits, ont de l'intérêt. Souvent ils peuvent mettre sur la voie d'utiles rapprochements et d'importantes découvertes. On peut citer comme modèle de ce genre, le travail de M. R.-F. Le Men : *Subterranean chambers at La Tourelle near Quimper, Brittany* (Chambres souterraines à La Tourelle, près Quimper, en Bretague.) C'est une brochure de 19 pages in-8, qui contient un très grand nombre de figures.

Il s'agit d'un de ces souterrains mystérieux et encore bien peu connus, sur l'âge et la destination desquels on discute depuis si longtemps. Ce sont des souterrains refuges suivant le plus grand nombre, des cryptes d'approvisionnement suivant quelques autres. Celui de La Tourelle serait un lieu de sépulture d'après M. Le Men.

L'auteur donne d'abord le plan exact du souterrain, puis la coupe longitudinale, enfin trois coupes tranversales, le souterrain se composant de trois pièces. Grâce à ce plan et à ces coupes, on se rend parfaitement compte de la disposition du souterrain.

A quelle époque appartient ce souterrain ? Pour résoudre cette question., l'auteur non-seulement décrit avec soin tous les objets qu'il y a recueillis, mais encore figure le plus grand nombre. Il y a là des objets qui semblent appartenir à des époques fort diverses. A côté d'une espèce de poinçon en fer à manche d'os, il y a non-seulement des outils en pierre, comme des haches en pierre polie, mais encore un nucléus en silex d'où l'on a détaché des lames tranchantes. Aux anneaux en os des plus finis, est associé un collier des plus primitifs formé de simples astragales ou osselets de moutons perforés pour être enfilés. La poterie la plus grossière se rencontre avec des poteries beaucoup plus fines ornementées avec goût, et surtout avec les restes d'une de ces statuettes de Vénus, entourées d'ornements symboliques, qui sont certainement de l'époque gallo-romaine. Ce souterrain aurait-il été creusé et occupé à l'époque de la pierre polie puis réoccupé à l'époque gallo-romaine ? C'est ce que le mélange des objets qu'il contient semble indiquer d'une manière à peu près certaine. Aussi M. Le Men admet que c'est une sépulture de l'époque de la pierre polie qui a été violée à l'époque gallo-romaine.

LISTE GÉNÉRALE

DES

MEMBRES DE LA SOCIÉTÉ ARCHÉOLOGIQUE

DU FINISTÈRE.

MM. L'abbé Abgrall, professeur au collége de Pont-Croix.
Affichard, fils, propriétaire à Quimper.
Alavoine, Joseph, adjoint au maire de Quimper.
Allard, fils, entrepreneur à Quimper, membre du Conseil municipal.
Astor, maire de Quimper.
Audran, maire de Quimperlé.
Ayrault, substitut du procureur de la République à Quimper.
Bahezre de Lanlay, garde général des forêts à Landerneau.
L'abbé Bayec, professeur au collége de Pont-Croix.
Le docteur Bernard, à Carhaix.
Bigot, architecte du département.
Bigot, architecte diocésain.
Binet, vétérinaire à Quimperlé.
De Blois, Aymar.
De Blois, Xavier.
Bolloc'h, juge suppléant à Morlaix.
Bolloré, Alexandre, propriétaire à Quimper.
Bourassin, membre de plusieurs sociétés savantes.
Briot de la Mallerie, président de la Société d'Agriculture de Quimper.
Caen dit Lion, imprimeur à Quimper.
Le docteur Le Caer, à Quimper.
Canvel, professeur à Quimper.
De Carné, membre de l'Académie française.
De Carné (Edmond).
De Chamaillard, fils, avocat à Quimper.

10

MM. Du Chatellier, correspondant de l'Institut.

Comte De Chauveau, propriétaire au château de Keriolet.

Cheguillaume, ingénieur en chef des ponts et chaussées.

Clairet, imprimeur à Quimperlé.

Du Cleuziou, ancien président de la Société archéologique des Côtes-du-Nord.

Le docteur Coffec, à Quimper.

Colomb, ancien conseiller de préfecture.

Cormier, avocat à Quimper.

Du Couédic, membre du Conseil général.

De Courcy (Pol).

Cozic, chef de division à la Préfecture.

Le Dall, sculpteur à Landerneau.

Daoulas, fils, ébéniste à Quimper.

Dermier, principal du collége de Quimper.

Donnard, employé des lignes télégraphiq⁵ à Quimper.

Dubois-Saint-Sevrin, commis de direction des postes.

Durest Le Bris, avocat à Quimper.

Duval, vérificateur des domaines à Quimper.

Faty, chef de bataillon, en retraite, à Quimper.

Fautrel, pharmacien à Quimper.

Flagelle, expert-arpenteur à Landerneau.

De Forsanz, député à l'Assemblée nationale.

Fougeray, membre du conseil municipal, à Qnimper.

Foullioy, capitaine de vaisseau, membre du Conseil général.

François, chef d'escadron commandant la gendarmerie du Finistère, à Quimper.

Friele, propriétaire à Quimper.

Frochen, fils, négociant à Quimper.

H. Gaidoz, directeur de la *Revue Celtique*, à Paris.

Gaubert, membre du Conseil général.

Gorvan, avoué à Quimper.

De Goy, Stephen, avocat à Quimper.

Le Guay, ancien secrétaire général de la préfecture.

L'abbé Gueguénou, recteur de Saint-Martin de Morlaix.

Guermeur, avoué à Châteaulin.

De Guernisac, membre du Conseil général.

L'abbé Guillard.

Le Guillou-Penanros, membre du Conseil général.

MM. Le Guillou-Penanros, juge à Brest.

Le Guillou-Penanros, fils, propriétaire à Concarneau.

Guitot, négociant à Quimper, membre du Conseil municipal.

Guyho, avocat à la cour de cassation, à Paris.

Le docteur Halléguen, à Châteaulin.

Hémon, Louis, avocat à Quimper.

Hémon, Prosper.

Hénon, notaire à Quimper.

Th. Hersart de la Villemarqué, membre de l'Institut.

Le Hir, docteur-médecin, à Morlaix.

De Jacquelot, Louis, ancien secrétaire général.

De Jacquelot, Joseph.

Jamet, propriétaire à Châteaulin.

L'abbé Jégou, vicaire général.

Junker, ingénieur ordinaire des Ponts et Chaussées.

R. de Kerret.

C. de Kerret.

De Kerjégu, Louis, maire de Saint-Goazec.

De Kersauzon, membre du Conseil Général.

L'abbé Kerlan, recteur de Plouzané.

L'abbé de Kernaéret.

Lacoste, membre du Conseil général.

L'abbé Lamarque, curé de la cathédrale, à Quimper.

De la Lande de Calan, maire de Trégunc.

Laporte, avocat à Quimper.

Du Laurent de la Barre, ancien officier de la marine.

De Lécluse, Amédée.

Mgr de Lezeleuc de Kerouara, évêque d'Autun et de Châlons.

Loarer, agent-voyer en chef des chemins vicinaux.

Lorans, avoué à Quimperlé.

Loyer, étudiant en droit.

Malen, professeur à Quimper.

Malherbe de la Boissière.

L'abbé du Marc'hallac'h, vicaire général.

R.-F. Le Men, archiviste du département.

De Montifault, ancien sous-préfet.

Moreau, Stanislas.

Le Nir, ancien directeur des domaines.

Mgr Nouvel, évêque de Quimper et de Léon.

MM. De Pascal, propriétaire.

Peyron, propriétaire à Quimperlé.

L'abbé Peyron, secrétaire de l'évêché.

Pihoret, préfet du Finistère.

Piriou, peintre à Quimper.

Pocard-Kerviler, ingénieur des Ponts et chaussées, à Nantes.

Th. de Pompery, député à l'Assemblée nationale.

L'abbé Postic, recteur de Plonévez-Porzay.

Puyo, architecte à Morlaix.

De Quélen, Prosper.

L'abbé Quéménkur, curé de Ste-Croix de Quimperlé.

De Raismes, membre du Conseil Général.

De Rémond du Chelas, receveur des domaines.

Richard, préfet honoraire du Finistère.

Richard, Amédée, receveur de l'enregistrement à Châteaulin.

Richard, juge de paix à Landerneau.

Rossi, propriétaire à Quimper.

Roussin, membre du Conseil Général.

Roumain de la Touche, ancien procureur impérial.

Le Roux, membre du Conseil Général.

Le Rouxeau de Rosencoat, membre du Conseil Général.

De Saisy, Paul.

Salmon-Laubourgère, président du tribunal de Quimperlé.

Sauvé, receveur des douanes à L'Aber-Vrac'h.

De Saint-Georges.

De Solminihac.

Soudry, avoué à Quimper.

Toullemont, négociant au Guilvinec.

De Treveneuc, député à l'Assemblée nationale.

FIN.

TABLE DES MATIÈRES

FIN DE LA TABLE DES MATIÈRES.

Erratum. — C'est par erreur que l'urne donnée au Musée archéologique par M. Alavoine, a été mentionnée à la page **24** du Bulletin comme provenant du tumulus de Lescongard. Elle a été trouvée au village de Kergoglé, en la commune de Plouhinec (Finistère).